AF634624

Inhalt

Ulrike Strätling

Kaffeeduft und Sonnenschein

Neue Geschichten zum Vorlesen und Erinnern

BRUNNEN
Verlag GmbH · Giessen

MIX
Papier | Fördert gute Waldnutzung
FSC® C083411

2. Auflage 2026

© 2023 Brunnen Verlag GmbH
Gottlieb-Daimler-Str. 22, 35398 Gießen
info@brunnen-verlag.de
www.brunnen-verlag.de

Die Nutzung von Bild-, Sprach- und Textdaten für sog. KI-Trainings und ähnliche Zwecke ist nur nach vorheriger schriftlicher Genehmigung erlaubt.

Umschlagmotiv: Adobe Stock
Umschlaggestaltung: Daniela Sprenger
Druck: CPI books GmbH, Leck
ISBN Buch 978-3-7655-4389-0
ISBN E-Book 978-3-7655-7839-7

Als die Kaffeemaschine streikte

Oma Luise stand in der Küche und schlug gerade ihre Hände über dem Kopf zusammen. Lautstark schimpfte sie: „Diese modernen Geräte taugen nichts. Alles unnötiger Schnickschnack, den man nicht braucht." Dann rief sie nach ihrem Mann: „Paul, komm doch bitte mal, die Kaffeemaschine geht nicht."

Opa Paul kam angeschlurft. Er sagte: „Gibt es heute Morgen keinen Kaffee?"

„Nein, das Ding ist kaputt. Erst geht meine schöne alte Kaffeemühle entzwei und jetzt auch noch diese supermoderne Kaffeemaschine. Ach Paul, früher war alles besser. Alles wurde mit den Händen gemacht. Gemahlen, aufgebrüht, gerührt, gehackt und schaumig geschlagen. Heute gibt es für alles Maschinen. Ach Paul, wo sind sie hin, die guten alten Zeiten", seufzte Oma Luise.

Paul begutachtete die Kaffeemaschine von allen Seiten. Dann meinte er: „Die ist hin. Wir brauchen etwas Neues." Oma Luise stöhnte und sagte dann: „Dann gehe los und kaufe eine neue Kaffeemaschine. Aber komm mir nicht wieder mit so einem supermodernen Schnickschnack an. Das ist nur Geldmacherei von den Geschäftsleuten. Ich will die gleiche Kaffeemaschine, nur neu." Opa Paul lief noch am frühen Morgen los.

Inzwischen gab es ein neues Geschäft gleich in der Nähe. Ein Fachgeschäft für Elektroartikel. Dort gab es auch Kaffeemaschinen. Also ging Paul geschwind hinein in den neuen Laden und äußerte seinen Wunsch. Doch der Verkäufer schüttelte bedauerlicherweise den Kopf und meinte: „Diese Kaffeemaschinen führen wir nicht mehr. Inzwischen gibt es weitaus bessere. Maschinen, die den Kaffee sogar mahlen und die Milch aufschäumen. Oder Maschinen für Cappuccino oder Espresso." Oh weh. Paul brach der Schweiß aus. Was sollte er tun? Doch Opa Paul musste sich entscheiden, und zwar schnell, denn er hatte Kaffeedurst. So kaufte er einen Kaffeeautomaten, der den Kaffee mahlte und anschließend aufbrühte. Er besorgte auf dem Heimweg noch Kaffeebohnen und freute sich auf eine frische Tasse Kaffee. Oma Luise wartete schon.

Stolz präsentierte Paul das neue Gerät, das nicht gerade billig war. Oma Luise verzog das Gesicht. Sie sah nicht erfreut aus. Dann rief sie: „Was ist das? Wie soll ich denn damit fertigwerden? Was hast du da bloß gekauft?" Paul hantierte, klapperte und raschelte, holte Tassen hervor und lächelte, als der Kaffeeautomat brodelte. Bald zog der Duft von frisch aufgebrühtem Kaffee durch die Küche. Und siehe da, er schmeckte vorzüglich.

Luise war nun doch ganz begeistert und meinte: „Man muss doch immer wieder mit der Zeit gehen. Auf diese Weise lernen wir immer etwas Neues dazu."

Ein Ausflug in den Tierpark

Es war ein wunderschöner Sommertag im Juli. Die Sonne schien warm vom strahlend blauen Himmel. Es war schon fast zu warm und es hatte lange nicht geregnet. Die Erde war trocken und staubte. Paula und Sebastian saßen beim Frühstück. Es gab Toastbrot mit Butter und Erdbeermarmelade. Dazu ein schönes Tässchen Kaffee. Zwischen zwei Happen sagte Paula: „Lass uns heute mal in den Tierpark gehen. Da ist es schön schattig. Außerdem gibt es dort den schönen Streichelzoo. Und den liebe ich doch so." Sebastian war einverstanden, er fand die Idee ganz toll. Nach dem Frühstück wollten sie sich fertig machen.

„Ich ziehe meine Lieblingsjeans und mein buntes Sommerhemd an", meinte Paul. Seine Frau Paula runzelte die Stirn und meinte: „Da wirst du nicht mehr reinpassen. Dein Bauch ist viel zu dick geworden."

„Papperlapapp", knurrte Sebastian und stieg in die Hose. Paula holte sich einen leichten Sommerock aus dem Kleiderschrank und dazu eine weiße Bluse. Das passte gut zusammen. Sebastian zwängte sich derweil in die Hose. Oje, er bekam den Reißverschluss nicht zu. Er zog den Bauch ein und schaffte es, den Reißverschluss hochzuziehen. Nun noch den Knopf schließen. Dazu legte er sich auf den Rücken, zog noch einmal den Bauch ein und siehe da, der Knopf passte ins Knopfloch. Sebastian bekam kaum Luft, aber er gab es nicht zu. Die enge Jeanshose kniff am Po und am Bauch. Es drückte und zwickte überall. Sebastian biss die Zähne zusammen und versuchte, sich nichts anmerken zu lassen.

Wenig später waren sie im Tierpark. Im Schatten der Bäume war es angenehm kühl. Paula steuerte auf den Streichelzoo zu. Sie liebte es, die Ziegen und Schafe zu streicheln. Es gab auch viele Jungtiere und die waren besonders herzig. Paula hatte Spaß und streichelte ein kleines Zicklein.

Plötzlich kam ein Böckchen angestürmt. Der junge Ziegenbock steckte neugierig seinen Kopf unter Paulas Sommerrock. Paula erschrak und kreischte. Sie rief ihren Mann. Der stand außen am Zaun und grinste. Der Ziegenbock hob den Rock seiner Frau hoch, knabberte am Stoff und verschwand wieder darunter. Mit seinen Hörnern spielte er mit dem Rock. „Sebastian, bitte hilf mir doch, nimm das Böckchen mal weg“, schrie seine Frau. Sebastian eilte zu seiner Frau. Er bückte sich, um das Böckchen zu fassen. Da krachte es. Es machte ritsch und ratsch. Die Hose war geplatzt. Die ganze Hosennaht aufgerissen. Sebastian erschrak und fasste sich ans Gesäß. „Oh nein, oje, oje“, rief er.

Auch das Ziegenböckchen hatte sich erschrocken

und wollte weglaufen. Doch es blieb mit seinen Hörnern im Rock hängen. Da machte es noch mal ritsch und der Rock war zerrissen. Rock zerrissen, Hose geplatzt, das war zu viel. Paula und Sebastian eilten schnell nach Hause. Später, bei einer guten Tasse Tee, mussten die beiden herzlich lachen. Es war trotz allem ein schöner Tag gewesen.

Das Hemd, das klemmt (Reimgeschichte)

Der Paul zieht an das neue Hemd,
doch was ist das, es spannt und … (klemmt),
zu dick ist der Bauch,
und der Hintern … (auch),
wie konnte das passieren,
ging er doch jeden Tag … (spazieren),
doch Tatsache ist, das Hemd
ist zu eng und … (klemmt),
Paul will den Bauchumfang messen,
er muss dringend weniger … (essen),

das Maßband zeigt ihm an,
dass er so nicht weitermachen … (kann),
es müssen ganz munter,
fünf Kilo … (runter),
zwei Wochen strenge Diät,
und kein Bier mehr so … (spät),
keine Haxe, Bauchfleisch und Wurst,
nur noch Wasser gegen den … (Durst),
Obst, Gemüse und Salat,
am Sonntag gibt's auch mal … (Spinat),
das alles ist dann sehr gesund,
man wird fit und die Welt ist … (bunt),
und siehe da, dann passt das Hemd,
und nichts mehr … (klemmt).

Eine Maschine Buntes

Es war Dienstag und eigentlich wollte Klara die Fenster putzen. Andererseits wartete die bunte Wäsche darauf, gewaschen zu werden. Und weil die Sonne so schön vom blauen Himmel schien und ein wenig Wind ging, entschied sie sich kurzfristig um.

Die Fenster mussten warten, die Wäsche ging vor. Es war das ideale Wetter für eine Maschine Buntes. Draußen auf der Leine würde der Wind sie herrlich trocknen. Es gab nichts Besseres für die Wäsche. Sie duftete anschließend so herrlich nach Sonne. Außerdem konnte man sich gut das Bügeln sparen. Das hat dann schon der Wind übernommen. Also ab mit der Wäsche in die Waschmaschine. Waschpulver dazu und den Schalter auf Buntwäsche stellen. In der Zwischenzeit war Zeit für eine Tasse Kaffee. Klara knabberte einige Schokoladenkekse dazu. Schließlich musste man bei Kräften bleiben.

Die Wäscheleinen befanden sich auf einer Wiese hinter dem Haus. Als die Maschine Buntes fertig war, lief Klara in den Hof. Zunächst putzte sie mit einem feuchten Lappen die Leinen ab. Klara war da pingelig. Saubere Wäsche gehörte auf eine saubere Leine. So, nun konnte sie die Wäsche aufhängen. Das machte sie sehr sorgfältig. Klara war zufrieden, als alles hing. Nun konnten der Wind und die Sonne die Teile trocknen.

Doch was war das? Plötzlich zwitscherte und piepste es über Klara. Klara sah hoch. Jede Menge Spatzen flatterten um sie herum. Klara klatschte in die Hände: „Nee, nee, so geht das nicht. Husch, husch, weg mit euch." Sie klatschte weiter und fuchtelte mit den Armen in der Luft herum. Immer im Wechsel. Klatschen und fuchteln. „Ihr werdet mir nicht auf die Wäsche kacken“, rief sie den Vögeln zu. Dann klatschte es feucht auf Klaras rechten Arm. Ein Vogelkack. Dann klatschte es auf ihren Kopf. Noch ein Vogelkack. Das war zu viel. „Es reicht“, schrie Klara den Vögeln zu. Dann lief sie in die Wohnung.

Arm waschen, Haare waschen, Klara war erst mal beschäftigt. Doch die Sorge um ihre Wäsche trieb sie an. Völlig fertig lief sie nach draußen, sie war ja auch nicht mehr die Jüngste. Sie erwartete das Schlimmste. Schmutzige Wäsche durch Vogeldreck. Sie würde alles noch einmal waschen müssen. Doch was war das? Die Wäsche war sauber und sogar schon trocken. Klara nahm die Buntwäsche erleichtert ab.

Zurück im Haus sagte sie zu sich selbst: „Auf diesen Schreck brauche ich erst mal einen schönen Eierlikör. Den habe ich mir verdient.“

Ein Kaffeebecher erzählt

Es kam eine Zeit, da tranken die Menschen ihren Kaffee lieber aus großen Kaffeetassen. Sie nannten diese Tassen Kaffeebecher oder Kaffeepott. Da passte mehr rein und man musste nicht so oft nachgießen. Eigentlich ganz praktisch. Und genau in dieser Zeit entstand ich. Ich stelle mich mal kurz vor. Ich bin Laura, ein Kaffeebecher. Kaffeepott höre ich nicht so gerne. Ich fühle mich nicht wie ein Pott. Ich bin ein schöner, mit Rosen bemalter Kaffeebecher, aus Porzellan. Handbemalt übrigens, so viel Zeit muss sein.

Ich wurde seiner Zeit von einer jungen Frau gekauft. Nachdem sie mich sauber gespült und abgetrocknet hatte, kam heißer Kaffee in mich hinein. Etwas Milch und ein Stück Zucker gab sie dazu. Dann kam ein Löffel und die junge Frau rührte alles gut um. Dann näherte sich mir ein hübscher roter Mund. Das kannte ich noch gar nicht. Wie sich das wohl anfühlte, dachte ich. Ich kann Ihnen sagen, es war ein tolles Gefühl. Zärtlich, weich, so wie ein Kuss.

Von nun an stand ich auf einem Wandregal in der Küche. Von dort hatte ich einen guten Ausblick. Ich konnte sogar aus dem Küchenfenster sehen. Ich sah einen Garten und Vögel. Das gefiel mir. Ich war der einzige Kaffeebecher, ich stand ganz alleine auf dem Regal. Zuerst fand ich es ja gut, doch mit der Zeit fühlte ich mich etwas einsam. Nur einmal am Tag nützlich zu sein, das war zu wenig. So verging die Zeit. Es wurde Winter und der Schnee fiel. Im Garten wurde alles weiß. Das war eine schöne Abwechslung.

Dann kam der Frühling und von einem Tag auf den anderen war der Schnee geschmolzen. Ich freute mich über das frische Grün und die ersten Frühblüher. Aber noch etwas wurde anders. Ein junger Mann kam nun regelmäßig zu Besuch. Und die junge Frau, die mich einst gekauft hatte, stellte plötzlich einen zweiten Kaffeebecher auf mein Regal. Oh, es war auch ein schöner, mit blauen Kornblumen. „Wer bist du?“, fragte ich. „Ich bin Anton“, sagte der Kaffeebecher. „Du bist sehr schön“, meinte ich. „Du aber auch. Das Rosenmuster steht dir ausgezeichnet“, sagte Anton. Das gefiel mir. Und ich glaube, es war Liebe auf den ersten Blick.

Eine tolle Zeit begann. Morgens wurden wir mit duftendem Kaffee gefüllt und am Nachmittag mit heißer Schokolade. Manchmal wurde am Abend Tee aus uns getrunken. Wir hatten also viel zu tun. Und das Schönste war, ich war nicht mehr alleine. Nebeneinander verbrachten wir die Zeit auf dem Regal. Anton und ich waren die besten Freunde. Einen Freund zu haben, ist ein großes Glück.

Der Wind (Reimgeschichte)

Der Wind, der Wind,
das himmlische … (Kind),
heftig weht er um die Ecken,
will wohl alle Kinder … (necken),
er lässt die Fensterläden klappern am Haus,
schnell verkriecht sich in ihr Loch die … (Maus),
die Fliege an der Wand ist sehr erschrocken,
und hat sich ebenfalls ver… (krochen),
er wirbelt umher das trockene Laub,
und verteilt dabei den trockenen … (Staub),
die Wäsche zappelt an der Leine,
unter ihr bewegen sich kleine … (Steine),
die Bäume wiegen sich im Wind,
die Mutter behütet ihr kleines … (Kind),
das Kind lässt sich zum Schlafen wiegen,
während sich die Bäume … (biegen),
durch die Lüfte fliegen Hüte,
ach, du liebe … (Güte).
Der Wind, der Wind,
das himmlische … (Kind),
er hat die Straße schon leer geblasen,
und auch kein Blatt liegt auf dem … (Rasen),
fortgehoppelt sind die Hasen,
als hätte der Wind sie wegge… (blasen),

doch plötzlich hat der Wind genug,
und begibt sich auf den Rück… (zug).
Plötzlich ist alles still und leise,
man hört nur das Zwitschern einer … (Meise).
Der Wind, der Wind,
das himmlische … (Kind).

Ein Tier als Seelentröster

Edwin saß im Wohnzimmer und las interessiert einen Artikel in der Fernsehzeitschrift. Da stand, dass Haustiere treue Freunde und Seelentröster wären. Zum Beispiel wenn man allein lebt, traurig oder einsam ist. Ja, und Edwin war traurig, eben weil er allein und einsam war. Er lebte nun schon viele Jahre allein und hatte niemanden, mit dem er reden konnte. Niemanden, um den er sich kümmern könnte. Er aß allein sein Mittagessen und ging am Abend allein zu Bett. Edwin wollte das nicht mehr. Er beschloss es zu ändern. Doch welches Tier wäre das richtige für ihn?

Ein Hund? Eine Katze vielleicht? Oder ein Häschen? Ein Wellensittich? Ein Meerschweinchen?

Oje, es gab ja so viele Tiere, die man im Haus haben konnte. Auch ein Pferd konnte ein Seelentröster sein. Oder ein Esel? Nein, die waren zu groß und würden nicht ins Wohnzimmer passen. Ah, da gab es ja auch noch Schildkröten oder ein Aquarium mit bunten Fischen. Oder lieber ein Huhn? Für welches Tier sollte er sich nur entscheiden. Edwin dachte nach. Er brauchte ein Tier, mit dem er reden konnte. Ein liebes Tier, welches er streicheln konnte. Und das nicht ganz so viel Arbeit machte. Mmh, Hund, Katze, Häschen vielleicht? Wer die Wahl hat, hat die Qual. Edwin konnte sich nicht entscheiden. Er wollte eine Nacht darüber schlafen. Es kam ja jetzt auch nicht mehr auf einen Tag an.

In der Nacht träumte Edwin von einer kleinen Katze, die ihr Köpfchen an seinem Arm rieb und schmusen wollte. Da wusste Edwin am nächsten Morgen, welches Haustier er gerne hätte. Eine Katze. Und die konnte er im Tierheim bekommen.

Als Edwin alles besorgt hatte, was eine Katze so braucht, fuhr er ins Tierheim. (Frage: Was braucht denn eine Katze, was musste Edwin besorgen? Futter, Katzenklo, Kratzbaum, ein Körbchen). Im Katzenhaus schaute er sich gründlich um. Oh, hier gab es so viele Katzen, die auf ein neues Zuhause warteten. Wo war sein Seelentröster? Da kam eine kleine schwarz-weiße Katze auf ihn zu und rieb ihr Köpfchen an seinem Arm. Da wusste Edwin, wer sein Seelentröster werden sollte. Er nahm sie mit nach Hause.

Das Kätzchen brauchte ihn und er brauchte das Kätzchen. Zum Reden, Spielen und Schmusen. Beide waren zufrieden. Das Kätzchen freute sich über das neue Heim und Edwin freute sich, dass er nicht mehr allein war. Er meinte: „Da haben wir zwei Fliegen mit einer Klappe geschlagen." Ja, so sagt man doch. Oder?

Der Zaunkönig

Einmal lebte ein Zaunkönig in einem Wald. Der Zaunkönig war ein kleiner Vogel, der nur neun Gramm wog. Er war zwar sehr klein, aber umso kräftiger war seine Stimme. Und er war mit einer besonders schönen und starken Stimme gesegnet. Sein Gesang war weit zu hören. Gerne fraß der kleine Zaunkönig Insekten, Würmchen, Spinnen und Motten. Nun war es Frühling und der Zaunkönig hatte viel zu tun. Er war dabei, mehrere Nester zu bauen. Seine zukünftige Frau durfte sich dann das Schönste aussuchen. Ja, so waren sie die Zaunkönigfrauen. Der kleine Zaunkönig wünschte sich viele Kinder und deshalb war er jeden Tag, bis spät in den Abend, fleißig.

Als wieder einmal ein neuer Tag begann, wollte sich der Zaunkönig nach dem Schlafen recken und strecken. „Autsch", zwitscherte er. Was war passiert? Sein rechter Flügel lahmte und schmerzte. „Oh nein, verflixt und zugenäht", rief der Zaunkönig, „Wie soll ich nun das Moos für die Nester herbeischaffen? Und wie kann ich etwas zum Fressen bekommen? Ich kann nicht fliegen. Herrje, herrje!" Verzweifelt hopste er auf einem Ast herum. Doch der Flügel hing lahm herunter, er konnte noch nicht einmal flattern. „Hilfe, Hilfe!", schrie er in seiner Not, in den Wald hinein.

Eine Kohlmeise hörte es und kam eilig herbeigeflogen. Der kleine Zaunkönig berichtete von seinen Nöten. Da flog die Kohlmeise wieder davon. Sie flog durch den Wald und rief den anderen Vögeln zu: „Der Zaunkönig ist krank. Er braucht unsere Hilfe." Die Nachricht verbreitete sich schnell. Überall zwitscherte es aufgeregt. Es piepste, es trällerte, es trillerte, es tirilierte. Emsig flogen alle Vögel umher.

Als Erste trafen die Kohlmeise und ein Rotkehlchen bei dem Zaunkönig ein. Beide hatten die Schnäbel voll mit Insekten und kleinen Würmchen und übergaben dem Zaunkönig das Frühstück. „Danke", zwitscherte er.

Buchfinken, Spatzen und Grünfinken brachten Moos

für die Nester. Da staunte der kleine Zaunkönig nicht schlecht. Und dann kam auch noch eine Drossel angeflogen. Sie hatte den Schnabel voller Kamillenblüten und Blätter. Die legte sie dem Zaunkönig auf den lahmen Flügel und meinte: „In ein oder zwei Tagen sollte der Flügel geheilt sein. Und bis dahin Schonung, wir anderen helfen dir. Wir sind alle gute Freunde und Freunde helfen sich gegenseitig."

Der kleine Zaunkönig war ganz ergriffen und freute sich über so viel Hilfsbereitschaft. Am Abend ging es ihm schon viel besser. Zum Dank trällerte er lautstark ein schönes Lied in den Wald hinein. Und alle anderen stimmten mit ein.

Die Wiese (Reimgeschichte)

Auf einem Wiesenhügel
sitzt ein Tier mit … (Flügeln),
es ist ein Schmetterlingsmann,
der schaut sich die Landschaft … (an),
er wärmt sich die Flügel in der Sonne,
und reckt und streckt sich vor … (Wonne),
sein Herz wird weit,
er ist voller Heiter… (keit),
er sitzt hier bei den grünen Hälmelein,
nirgendwo kann es schöner … (sein),
das Gänseblümchen blüht,
die Wiese ist mit Tau be… (sprüht),
das Wiesenschaumkraut und der Löwenzahn blühen,
durch die Lüfte die Düfte nur so … (sprühen),
der Schmetterling will nicht mehr fort,
niemals mehr an einen anderen … (Ort).

Platz da …

In unserer kleinen Siedlung wohnt eine Frau, die Marlene heißt. Ich kenne sie schon seit vielen Jahren, wir wohnen in der gleichen Straße. Wir kommen gut miteinander aus und wir sind im Laufe der Zeit sogar Freundinnen geworden. Doch das war nicht immer so. Es gab eine Zeit, da war Marlene nicht gerade freundlich und nett.

Es begann vor einigen Jahren, als Marlene ein schlimmes Hüftleiden bekam. Verschleiß, so meinte der Arzt und empfahl ihr an einem Rollator zu laufen. Das gefiel Marlene gar nicht. „Ich bin doch keine alte Frau. Lieber gehe ich nicht mehr aus dem Haus“, schimpfte sie. Marlene war unzufrieden, wurde launisch und auch wütend. Aber ohne Rollator ging es nicht, die Hüfte schmerzte und sie musste sich abstützen und zwischendurch mal hinsetzen. Und schließlich brauchte sie ja auch mal einige Lebensmittel und auch mal frische Luft. Und da dachte sich Marlene, wenn ich schon mit einem Rollator durch den Ort laufen muss, dann will ich auch was davon haben.

Eines Tages brauchte sie Butter und Milch. Schon am Eingang des Supermarktes schrie sie: „Platz da.“ Alle Leute drehten sich um und sprangen an die Seite. Das gefiel Marlene. Und wenn sie nicht gleich an die

Butter kam, rief sie: „Platz da, ich habe eine schlimme Hüfte." Und wenn sie vor der Milch stand, rief sie unfreundlich: „Geben Sie mir mal ein Paket Milch." Ja, sie genoss es plötzlich, eine schlimme Hüfte zu haben. Manchmal fuhr sie den Leuten mit dem Rollator absichtlich in die Hacken. Sie entschuldigte sich nicht, sie grinste nur. Ja, Marlene war sehr, sehr unfreundlich, ja schon boshaft. Ich riet ihr damals, sich eine neue Hüfte einsetzen zu lassen. Doch Marlene war stur, sie wollte keine Operation.

Einmal lief sie wieder durch den Supermarkt. Sie brauchte etwas Wurstaufschnitt. Vor ihr fuhr ein Mann in einem Rollstuhl. Er fuhr langsam und er nahm Rücksicht auf andere. Das gefiel Marlene ganz und gar nicht, sie kam nicht so schnell vorwärts, wie sie wollte. Sie rief, wie üblich: „Platz da, ich habe eine schlimme Hüfte." Der Rollstuhlfahrer stoppte und drehte sich um. Ein junger Mann schaute Marlene an.

Noch einmal und ziemlich wütend rief Marlene: „Machen Sie Platz, ich will vorbei." Da sagte der junge Mann: „Seien Sie froh, dass Sie noch laufen können. Ich habe gelähmte Beine. Sie können eine neue Hüfte bekommen. Für mich gibt es keine neuen Beine."

Marlene war überrascht und sprachlos. Das war ihr noch nie passiert. Sie entschuldigte sich und dachte an diesem Tag viel nach. Am nächsten Tag ging sie zum

Arzt. Wenig später bekam sie eine neue Hüfte und der Rollator verschwand im Keller. Von da an war Marlene wieder ein freundlicher und zufriedener Mensch. Sie war die nette liebe Frau von nebenan, in unserer kleinen Siedlung.

Das Toilettenhäuschen

Längst gab es elektrisches Licht, fließendes Wasser aus dem Wasserhahn am Waschbecken und eine Wassertoilette in den Häusern. Sicher können sich noch viele daran erinnern, als die Zinkbadewanne, am Samstag noch in der Küche, vor dem Kohlenofen stand. Ein Plumsklo im Flur war oder gar ein Toilettenhäuschen im Garten. Und sicher können sich noch viele daran erinnern, wie schön es war, als jeder ein Badezimmer bekam. Mit Wanne, Waschbecken und einem Klo.

Bei den Schulzes im Garten stand immer noch das alte Toilettenhäuschen aus Holz. Erwin Schulze liebte dieses Häuschen. Es erinnerte ihn an die kalten Winter, in denen man durch den Schnee stapfen musste, um sein Geschäft zu verrichten. Oder wenn es regnete und er auf dem Weg zum Toilettenhäuschen klitschnass wurde.

Jedes Jahr im Frühling strich er das alte Toilettenhäuschen neu an. In diesem Frühling sollte es eine rote Farbe bekommen. Die Dose mit der roten Farbe stand schon bereit. Eines Morgens sagte seine Frau: „Wollen wir das alte Ding nicht endlich mal abreißen? Ich könnte uns dort ein schönes duftendes Kräuterbeet anlegen.“ Erwin Schulze fiel fast vom Stuhl. Kräuterbeet? Abreißen? Hatte er richtig gehört?

Erschrocken rief er: „Nein, das Toilettenhäuschen bleibt. Kräuter kannst du dir auf dem Markt kaufen. Und außerdem kann man nie wissen, ob man das Häuschen noch mal benutzen muss.“ Da wurde seine Frau traurig. Sie hätte liebend gerne ein Kräuterbeet besessen. Betrübt zog sie sich zurück. Erwin Schulze ging in den Garten und strich das Toilettenhäuschen rot an. Da kam ihm eine Idee. Er fuhr los und kaufte kleine Blumentöpfe, Halterungen und Nägel. Dann fuhr er in ein Gartencenter und kaufte verschiedene Kräuter. Wieder zu Hause befestigte er zehn Blumentöpfe rund um das Toilettenhäuschen. Es sah schon sehr gut aus. Dann füllte er Erde in die Töpfe und pflanzte die Kräuter ein. Rosmarin, Thymian, Petersilie, Basilikum, Pfefferminze, Bohnenkraut, Salbei, Schnittlauch, Liebstöckel und Zitronenmelisse. Das duftete herrlich und lockte schon einige Bienen an.

Erwin Schulze holte seine Frau. „Mach die Augen zu, komm mit und öffne die Augen erst, wenn ich es sage“, sagte er geheimnisvoll. Am Toilettenhäuschen durfte seine Frau die Augen wieder öffnen. Frau Schulze kam aus dem Staunen nicht mehr heraus. Sie jubelte vor Freude und rief: „Mein Gott, ist das schön. Danke, vielen, vielen Dank!“

Erwin meinte: „Jetzt hast du deine Kräuter und ich habe weiterhin mein altes Toilettenhäuschen.“ Dann schnupperte er an den Kräutern und war von den verschiedenen Düften ganz begeistert. „Wenn sie so gut schmecken, wie sie riechen, dann können wir ja noch einige Töpfe dazuhängen“, meinte Herr Schulze. Beide waren zufrieden.

Gymnastikstunde (Reimgeschichte)

Meine Herren und meine Damen,
heute wollen wir uns an die Geräte … (wagen),
zuerst schwingen wir uns auf einen Bock,
also los, schön hoch und … (hopp),
ganz elegant springen wir wieder herunter,
und lächeln dabei ganz … (munter),
als Nächstes hängen wir uns an die Sprossenwand,
und winken uns zu, mit der rechten … (Hand),
nun einmal beide Beine hoch,
prima, das geht ja ganz fa… (mos),
nun betätigen wir uns an den Ringen,
indem wir die Beine hin und her … (schwingen),
so, jetzt ist der Barren dran,
aufschwingen und immer lustig … (ran),
mit den Armen aufgestützt,
Gott, der Herr hat uns be… (schützt),
meine Herren, nicht so lahm,
turnen ist gut für den … (Darm),
so, für heute ist es genug,
zu viel Sport ist nicht … (klug),
zum Abschluss wollen wir noch singen,
tanzen, hüpfen und auch … (springen).

Vom Mann, der Fische fangen ging

Herr und Frau Schwarz lebten bescheiden in einer kleinen Wohnung. Herr Schwarz bekam nur eine kleine Rente und Frau Schwarz verdiente noch etwas als Reinigungsfrau dazu. Trotzdem mussten sie jedes Geldstück dreimal umdrehen, bevor sie etwas kauften.

Es war an einem Samstagmorgen, als Frau Schwarz sagte: „Ich möchte so gerne mal wieder Fisch essen. Knusprig gebraten, mit Kartoffeln und einer Senfsoße. Wenn bloß der Fisch nicht so teuer wäre." Als Herr Schwarz das hörte, erinnerte er sich an seine Angeln im Keller. Vor vielen Jahren war er oft zum Angeln gewesen und hatte so machen schönen Fisch aus dem Wasser gezogen.

In der Nähe ihrer Wohnung gab es einen Fluss. Er könnte sogar zu Fuß dorthin. Heimlich, damit seine Frau nichts merkte, suchte er alles beisammen und schlich sich aus dem Haus. Es sollte eine Überraschung werden. Am Fluss angekommen grub sich Herr Schwarz einige Würmer aus der Erde aus. Einen Wurm befestigte er an dem Angelhaken, dann holte er Schwung und warf die Angel aus. Es dauerte auch gar nicht lange, da zuckte es schon an der Angelschnur. Ein Fisch hatte angebissen. Voller Freude zog Herr Schwarz ihn aus dem Wasser. Dann warf er die Angelschnur, mit einem frischen Wurm, erneut aus. Und zack hatte der zweite Fisch angebissen. Das war ein Glückstag. Seine Frau würde Augen machen. Und so landete ein Fisch nach dem anderen in dem Eimer. Nach einer Stunde war der Eimer voller prächtiger Fische. Herr Schwarz konnte sich auf den Heimweg machen.

Auf dem Weg nach Hause begegnete ihm eine Frau. Die sagte: „Oh, was haben Sie da für schöne Fische und so viele.“ „Möchten Sie einen haben?“, fragte Herr Schwarz.

„Gerne“, antwortete die Frau. Herr Schwarz gab ihr einen besonders großen Fisch. Schließlich sollte die Frau auch satt werden. Dann ging er weiter. Nach einigen Metern begegnete ihm ein Mann. Der Mann bewunderte die Fische. Und weil der Mann eine Frau und zwei Kinder hatte, gab Herr Schwarz ihm vier Fische. Jetzt waren nur noch drei Fische im Eimer. Da lief dem Herrn Schwarz ein kleines Mädchen über den Weg. Das Mädchen blieb stehen, schaute in den Eimer und sagte: „Mmh, leckere Fische.“

„Möchtest du einen haben?“ fragte Herr Schwarz. „Gerne, meine Mami kann ihn dann braten“, sagte das Mädchen. Herr Schwarz schaute in seinen Eimer. Zwei Fische waren übrig. Das würde für ihn und seine Frau reichen. Er hatte eben ein großes Herz. Schnell lief er heim.

Frau Schwarz freute sich über die Fische. Die Überraschung war gelungen. Und als die beiden beim Mittagessen saßen, erzählte Herr Schwarz ihr die Geschichte von den verschenkten Fischen. Da musste Frau Schwarz lachen und sagte: „Es ist gut mit anderen zu teilen. Mehr als zwei Fische essen wir auch nicht. Das hast du gut gemacht. Und außerdem kannst du ja bald wieder neue Fische fangen."

Das kluge Schweinchen

Es war einmal eine Sau und die hatte ein Ferkelchen. Sie versorgte das Ferkelchen liebevoll, so wie jede andere Mutter es auch für ihr Kind macht. Das Ferkelchen gedieh prächtig und wuchs sehr schnell. Als es groß war, sagte die Sau: „Du musst nun in die Welt hinaus und selbst für dich sorgen. Aber pass gut auf dich auf, im Wald lauern viele Gefahren. Hüte dich besonders vor dem Wolf."

Frohen Mutes und voller Neugier wanderte das kleine Schweinchen in den Wald hinein. Es gab ja so viel zu sehen und zu beschnüffeln. Was war denn das?

Ein Tier mit braunem Fell und zwei großen Ohren? „Was bist du für ein Tier?“, fragte das junge Schweinchen. „Du kennst mich nicht? Ich bin ein Hase“, sagte der Hase. Ein Stückchen weiter quakte es an einem Teich. Das Schweinchen sah ein grünes Tier, welches mit seiner langen Zunge Fliegen fing. „Wer bist du denn?“, fragte das Schweinchen. „Quak, ich bin ein Frosch, quak.“, sagte der Frosch. Dann begegnete dem Schweinchen ein Tier, das sehr hübsch aussah. Es hatte liebe schwarze Augen, ein Stummelschwänzchen und ein hellbraunes Fell. „Wer bist du?“, fragte das Schweinchen. „Ich bin ein Reh und auf der Suche nach einem Versteck. Der Wolf ist in der Nähe. Pass gut auf dich auf und suche dir auch ein Versteck“, riet ihm das Reh und sprang davon.

„Oh, ich sollte mir schnellstens ein Häuschen bauen“, meinte das Schweinchen. Das Schweinchen dachte nach. Stroh ist zu leicht, das Häuschen konnte schnell zusammenfallen. Reisig vielleicht? Nein, das ist auch nicht stabil genug. Steine? Oh ja, Steine wären gut. Und weil da gerade ein ganzer Haufen Steine lag, fing das Schweinchen gleich an zu bauen. „Stein auf Stein, mein Häuschen wird bald fertig sein“, sang das kleine Schweinchen. Obendrauf kam ein Dach aus Holz. Und die Tür war ebenfalls aus Holz.

Dann war das kleine Häuschen fertig. Es war nicht groß, aber es bot Schutz vor dem Wolf. Und der ließ nicht lange auf sich warten. „Kleines Schwein lass mich herein“, säuselte der Wolf, der sich leise angeschlichen hatte.

„Nein, bei all meinen Borsten, nein“, rief das Schweinchen. Da versuchte der Wolf, das Häuschen umzuwerfen. Immer wieder puffte und knuffte er gegen die Steine. Das Häuschen wollte nicht zusammenfallen. Schließlich schlich er sich davon. Das kluge Schweinchen lachte ihm hinterher und rief: „Du wirst mich nicht fressen. Ha, ha, du kriegst mich nie.“ Der Wolf war beleidigt und kam nie wieder.

Ich wünschte, ich wäre ...
(Reimgeschichte)

Eines Tages sagte der Hans,
ich wünschte, ich wäre eine ... (Gans),
könnte barfuß gehen alle Zeit,
in einem hübschen weißen Feder... (kleid),
das wäre so nett,
im Heu hätte ich ein ... (Bett),
im Sommer fresse ich Gras,
und treffe auf Frosch und ... (Has'),
und im Winter gack, gack, gack,
bekomme ich Hafer aus dem ... (Sack),
und der Gänsewein allein,
soll mein tägliches Getränk ... (sein),
ich wünschte, ich wäre eine Gans,
sagte eines Tages der ... (Hans).

Ein Schlummerkorn muss sein

Jeder von uns hat so seine Angewohnheiten, Rituale oder auch Macken. Der eine betet vor jeder Mahlzeit, was ja auch gut ist und unserem Herrgott gefällt. Andere machen noch zehn Kniebeugen, bevor sie zu Bett gehen. Manche trinken heiße Milch mit Honig, um besser schlafen zu können. Manche Menschen schreiben am Abend alles, was sie erlebt haben, in ein Tagebuch. Am Morgen brauchen die meisten erst einen Kaffee, um in die Gänge zu kommen. Andere schalten als Erstes das Radio ein. Manche sind immer unpünktlich. Sicherlich fallen Ihnen auch noch andere Angewohnheiten oder Rituale ein. Vielleicht haben Sie auch selbst welche. Ich will Ihnen mal von Frau Schlattmann erzählen. Ich kenne sie ganz gut und kann Ihnen sagen, die hat eine ganze Menge Angewohnheiten. Mehr als genug.

Also morgens, wenn Frau Schlattmann aufgewacht ist, steht sie sofort auf und macht das Schlafzimmerfenster weit auf. In das geöffnete Fenster legt sie dann ihr Oberbett und darauf das Kopfkissen. „Gut lüften vertreibt die Bettwanzen. Ich will nicht von denen gebissen werden“, sagt sie immer. Dann brüht sie sich in einem kleinen blauen Kännchen zwei Tassen Kaffee auf. „Mehr ist ungesund“, sagt sie immer. Ganz genüsslich schlürft sie dann den Kaffee. Wenn das Küchenfenster auf ist, hört man das Schlürfen bis auf die Straße. Ich finde, das ist keine schöne Angewohnheit.

Montags geht sie einkaufen. Dienstags wäscht sie Wäsche. Mittwochs putzt sie die Küche. Donnerstags das Wohnzimmer und freitags das Schlafzimmer und das Bad. Samstags ist Badetag und sonntags ist Ruhetag. Sie behauptet, dass es so in der Bibel steht. Am Sonntag sollst du ruhen. Streng hält sie sich an diese Regel.

Um sieben Uhr am Abend hängt sie ihr Nachthemd über den Heizkörper, damit es schön anwärmt. Kurz vor der Tagesschau zieht sie dann das warme Nachthemd an. Sie meint, dass es so für die Nieren besser ist. Um neun Uhr am Abend stellt sie die Heizdecke im Bett an. Aber nur auf Stufe zwei, um Strom zu sparen. Um zehn Uhr am Abend putzt sie sich die Zähne. Also das Gebiss und die paar Zähne, die sie noch hat. Dann geht Frau Schlattmann zurück ins Wohnzimmer und holt eine Flasche Korn aus dem Schrank. Sie füllt sich ein Gläschen und trinkt es leer. Sie sagt immer: „Das ist mein Schlummerkorn und der muss sein. Schließlich will man ja keine Schlaftabletten nehmen. Die schlagen ja bekanntlich auf den Magen. Ein Schlummerkorn muss sein. Ist ja alles in Maßen."

Gib Gas, Jürgen!

Es war ein wunderschöner Frühlingstag. Die Sonne schien warm vom strahlend blauen Himmel. Emma und Jürgen saßen auf dem Balkon und frühstückten. Es war Sonntag und darum gab es für jeden ein weich gekochtes Ei. Dazu Aufbackbrötchen, Butter und Marmelade.

„Was sollen wir heute unternehmen?“, fragte Emma.

„Weiß nicht. Keine Ahnung“, nuschelte Jürgen.

„Ich würde heute gerne spazieren fahren“, meinte Emma.

„Wie spazieren fahren?“, fragte Jürgen.

„Na, mit dem Auto. Das ist jetzt modern. Ich möchte zunächst durch die Stadt fahren und dann hinaus aufs Land. An den Feldern, Wiesen und Wäldern vorbei.“

„Von mir aus“, knurrte Jürgen. Es klang nicht begeistert. Schließlich musste er das Auto fahren. Emma aber freute sich auf die Fahrt im VW Käfer. Sie zog ihr Sonntagskleid an, man wurde ja gesehen. Da musste man schon ordentlich aussehen. Um elf Uhr setzten sich Emma und Jürgen ins Auto und los ging es. Jürgen drehte den Zündschlüssel um, der Motor sprang sofort an. Emma strich ihr Kleid glatt und

Jürgen fuhr los. Und da waren sie auch schon alle. Die Nachbarn, die Bekannten und die Freunde. Frau Müller, Herr Schultebeck, Frau Meisenkemper und Herr Kullerkowski. Emma winkte fleißig. Sie wollte nicht übersehen werden. Sie ließ sogar das Seitenfenster runter und hielt den Arm beim Winken heraus.

„Jürgen jetzt winke doch auch einmal", sagte sie.

„Geht nicht, ich muss die Hände am Lenkrad halten", meinte Jürgen.

„Aha, ja gut", sagte Emma und winkte weiter. So lange, bis sie niemanden mehr sah.

Dann fuhren sie aus der Stadt heraus. Rechts und links lagen Felder. Jürgen fuhr langsam, damit man alles gut sehen konnte. „Gib mal Gas, Jürgen, du fährst ja im Schneckentempo. Gleich überholt uns noch ein Radfahrer oder gar ein Fußgänger." Jürgen knurrte etwas, das Emma nicht verstand. Sie schüttelte nur mit dem Kopf und sagte: „Jetzt gib doch mal endlich Gas. Oder ist das Auto kaputt?"

„Nein, das Auto ist nicht kaputt", sagte Jürgen.

„Na, dann los. Gib Gas. Oder hast du Angst?", stachelte Emma. Dann gab Jürgen Gas. Das Auto wurde immer schneller und schneller. Emma jubelte. Jürgen grinste. Rasant ging es um die Kurven. Mal rechts herum, mal links herum. Emma wurde ganz ruhig. Erst wurde sie ganz weiß im Gesicht, dann grün. „Haaalt an, mir ist übel!", schrie sie und Jürgen stoppte das

Auto. Emma schnappte nach Luft und sagte: „Ich will nach Hause, aber langsam.“ Jürgen fuhr los. Er fuhr langsam in die Stadt hinein. Nun konnte man wieder die Nachbarn, Freunde und Bekannten sehen, doch diesmal winkte Jürgen.

Die Maus im Haus (Reimgeschichte)

Ich wohne nicht alleine in meinem Haus,
mein Untermieter ist eine kleine, schlaue … (Maus),
schon oft versuchte ich sie zu fangen,
doch sie ist nie in die Falle ge… (gangen),
sie springt im ganzen Haus herum,
wirft hier und da auch mal was … (um),
am liebsten nagt sie am Käse und Speck,
auch vom Brot ist oft was … (weg),
den Marmeladentopf liebt sie sehr,
Nacht für Nacht verschwindet … (mehr),
neulich ließ ich Nudeln stehen,
morgens war nichts mehr davon zu … (sehen),

gestern knabberte sie geräucherten Fisch,
der lag ganz frisch auf meinem … (Tisch),
sie liebt die Milch ganz kalt,
vor Keksen macht sie auch nicht … (halt),
nun frisst sie auch noch mein Mett,
bald ist sie zu dick und … (fett),
dann passt sie nicht mehr ins Mauseloch,
und ich fange sie letztendlich … (doch).

Wer ist der Mann im Garten? (Rategeschichte)

In einem Garten stand ein lustig aussehender Mann. Er trug einen Hut auf dem Kopf. Doch es war kein üblicher Hut aus Leder, Stoff oder Stroh. Er trug einen schwarzen Topf auf dem Kopf. Und er war dick, der lustig aussehende Mann. Sehr dick sogar. Und er hatte eine lange rote Nase. Die sah vielleicht witzig aus. Einen Besen hatte er auch dabei. Ob er wohl im Garten fegen wollte, der dicke Mann?

Da kam der Frühling und die Sonne schien warm.

Der dicke Mann rief: „Oh weh, oh weh." Und plötzlich war er weg. Wo war er hingegangen? Nach Köln, nach München oder gar nach Italien? Der lustig aussehende und dicke Mann war einfach fort. Im Garten lag sein schwarzer Hut im Gras und seine rote lange Nase lag daneben.

Nein, er war nicht weggegangen, er ist nur ganz und gar zerronnen, als der Frühling kam.

Wer weiß, wer der Mann war? Oder – wie könnte der Mann heißen?

(Schneemann)

Wintergrillen

Es war Winter. Das Thermometer zeigte null Grad an. Aber das war nichts Ungewöhnliches, im Winter ist es nun mal kalt. Darum ist es dann auch von Vorteil, wenn man sich warm genug anzieht. Handschuhe, Schal, Mütze, dicke Pullover und gefütterte Schuhe müssen schon sein.

Nun war wieder einmal ein kalter Winter und Willi und Grete hatten es sich im warmen Haus gemütlich gemacht. Die Heizung blubberte und wer nicht unbedingt rausmusste, blieb in der warmen Stube. Willi saß auf dem Sofa und sah sehr nachdenklich aus. Ständig kratzte er sich am Kinn. Plötzlich meinte er: „Ich hätte mal wieder so richtig Appetit auf eine Bratwurst vom Holzkohlegrill. Wir haben doch noch so viele Würstchen in der Tiefkühltruhe."

Seine Frau dachte, sie hätte nicht richtig gehört. Sie sagte: „Grillen im Winter? Du spinnst jetzt aber. Die Bratwurst schmeckt aus der Pfanne genauso gut." Verständnislos schüttelte sie mit dem Kopf. „Du kommst vielleicht auf verrückte Ideen."

Willi aber war der Meinung, dass die Würstchen vom Grill immer noch die besten waren und kein Vergleich zur Bratpfanne sind. Und außerdem wären sie viel zu schade für die Pfanne. Und als dann auch noch in der Wettervorhersage bekannt gegeben wurde, dass es am Samstag fünf Grad wärmer werden sollte, war für Willi alles klar. Er würde grillen.

Am Samstag zog sich Willi dick an. Er band sich einen Schal um und setzte die Mütze auf. Dann holte er den Grill aus dem Schuppen und platzierte ihn auf der Terrasse. Seine Frau meinte: „Ich stelle oder setze mich nicht auf die Terrasse. Auch nicht bei fünf Grad plus."

Die Würstchen waren aufgetaut und lagen bereit. Willi zündete die Holzkohle an und wartete darauf, dass die brennende Holzkohle ihn wärmte. Es war doch ganz schön kalt. Er bibberte. Willi ließ sich nichts anmerken, er wollte Wintergrillen und er freute sich auf die Grillwurst. Die war dann auch bald fertig. Stolz kam er mit fünf gegrillten Würstchen ins Haus zurück. Drei für ihn und zwei für seine Frau. Und die hatte Kartoffelsalat gemacht. Das war eine gelungene Überraschung. Willi liebte Grillwurst mit Kartoffelsalat. Es schmeckte wunderbar. Willi meinte: „Das war nicht mein letztes Wintergrillen. Wintergrillen macht Spaß." Seine Frau nickte, sie freute sich auch schon auf die nächsten Grillwürstchen.

Auf dem Eis (Reimgeschichte)

Seit Tagen hatte es gefroren,
die Kinder hatten kalte … (Ohren),
auch die Nasen waren rot und kalt,
und das Wasser im See gefror auch … (bald),
dann kam der Tag, da wollten sie es wagen,
denn das Eis würde sie wohl … (tragen),
und nun geschwind, ein jeder der kann,
Mütze auf und die Schlittschuhe … (an),
Max, Michel und der Fritze,
alle mit dicker Pudel… (mütze),
die Kufen glänzen im Sonnenstrahl,
bei Liesel und Leni wedelt der … (Schal),
die Kinder sich auf Schlittschuhen wiegen,
als würden sie wie Vögel … (fliegen),
wie sie kreisen, fahren, schwenken und sich drehen,
es ist so schön ihnen zuzu… (sehen),
sie kommen geflogen,
im hohen … (Bogen),
doch oh weh, es geschieht wie ein Blitz,
bums, da liegt er auf der Nase, der … (Fritz),
der Max, der hilft ihm wieder auf
und weiter geht's im schnellen … (Lauf).

Ein langer Spaziergang

Einmal wollte ein Mann einen Spaziergang machen. Es sollte ein sehr, sehr langer Spaziergang werden. Dabei sollte es über Wiesen und Felder gehen, durch den Wald und über Stock und Stein. Der Mann hieß Walter. Er zog sich seine Wanderschuhe an und setzte sich einen Hut auf. Es war Sommer und der Hut sollte seine Halbglatze schützen. So ein Sonnenbrand auf dem Kopf war nicht angenehm. In seinen Rucksack kam eine Flasche Wasser, eine Packung Kekse und ein Handtuch. Um neun Uhr in der Früh marschierte Walter los. Der Weg, den er einschlug, führte ihn direkt aus der Stadt hinaus. Er lief zügig, weil er schnell in der Natur sein wollte, um frische und gesunde Luft zu atmen.

Um zehn Uhr erreichte er bereits die ersten Felder, auf denen der Weizen und die Gerste wuchsen. Dazwischen leuchteten rote Mohnblumen. Walter atmete tief ein und aus. Er wollte seine Lungen mit der guten Luft füllen. Dann marschierte er weiter.

Um elf Uhr erreichte er einen Wald. Es war ein Mischwald. Es gab Eichen, Birken, Buchen und Nadelbäume. Inzwischen war es schon sehr warm geworden und Walter war froh über den Schatten, den der Wald ihm bot. Er suchte sich einen Baumstumpf und setzte sich darauf. Er trank ein wenig Wasser und aß einige Kekse. Wespen umschwirrten ihn, sie wollten auch von den Keksen naschen. Das fand Walter sehr lästig und er wollte auch nicht gestochen werden. Darum marschierte er schnell weiter.

Inzwischen war es zwölf Uhr und die Sonne stand hoch am Himmel. Walter war nun wieder aus dem Wald heraus und vor ihm lag ein Maisfeld. Da sprang ein Hase aus dem Feld. Im Zickzacklauf verschwand er im Wald. Über Walter kreisten die Krähen. Die kreischten laut und machten ein großes Spektakel. Walter schwitzte. Die Schweißperlen standen auf seiner Stirn und unter seiner Nase. Er holte sein Handtuch aus dem Rucksack und trocknete sich ab. Puh, er war schon ganz schön geschafft. Er trank noch einen Schluck und marschierte dann weiter.

Um dreizehn Uhr erreichte er einen Bach. Herrlich. Kühles Wasser. Walter zog die Wanderschuhe aus, ebenso die Socken und tauchte seine Füße in das kalte Wasser. Was für eine Wohltat. Neben ihm quakte ein Frosch.

Um vierzehn Uhr aß er die letzten Kekse und trank das restliche Wasser. Ihm schmerzten die Füße, der Rücken und die Beine. Mit letzter Kraft marschierte er zur Landstraße und setzte sich an einer Bushaltestelle ins Wartehäuschen. Er musste nach Hause, er konnte nicht mehr marschieren.

Um fünfzehn Uhr kam der Bus und nahm ihn mit. Um sechzehn Uhr war er wieder zu Hause. Er schmierte sich ein Brot mit Butter und Leberwurst. Dazu trank er ein Glas Milch. Er war müde. So viel gelaufen war er schon lange nicht mehr. Darum ging er an diesem Tag auch schon um achtzehn Uhr ins Bett. Walter schlief tief und fest bis zum nächsten Morgen.

Die singende klingende Hecke

Am Rande meines Gartens steht auf einer Seite eine Hecke. Es ist eine Ligusterhecke. Sie ist schön breit und etwa ein Meter und dreißig hoch. So genau weiß ich es nicht, ich habe nie nachgemessen. Ende Juni bekommt sie kleine weiße Blütendolden. Die sehen fast wie kleine Fliederblüten aus. Vor einigen Jahren habe ich an einer Stelle Wickenblumensamen ausgestreut. Und diese hübschen Blumen blühen nun zur gleichen Zeit. In lila, rosa und weiß. Vielleicht können Sie sich vorstellen, wie das duftet. Süß und blumig. Und dann kommen sie in Scharen, die Bienen, Schmetterlinge, Hummeln, Libellen, Schwebefliegen und andere Insekten. Es ist gerade so, als käme Leben in die Hecke. Ein jeder will von dem Blütennektar haben. Über der Hecke summt und brummt es, es zirpt und piept und surrt. Ich sage dann immer: „Die Hecke singt und klingt.“

Oft nehme ich mir dann einen Gartenstuhl und setze mich davor. Ich genieße es, wenn die Hecke singt und duftet. Ich freue mich, weil es den Insekten so gut geht und sie sich wohlfühlen. Dann schließe ich meistens die Augen und höre der singenden Hecke zu.

Doch eines Tages geschah das Unfassbare. Der Nachbar näherte sich mit einer großen Gartenschere. Ich sah vom Fenster aus, wie er die Schere ansetzte und ehe ich mich versah, waren schnipp und schnapp die Blüten abgeschnitten. Nun waren nur noch zwei Blüten auf meiner Seite übrig. Ich fragte ihn, warum er das gemacht hat. Da sagte er ärgerlich: „Das war doch Unkraut.“ Oh nein, ich war so ärgerlich. Ich schimpfte: „Wenn jeder das so machen würde, haben wir bald keine Bienen mehr.“ Er schüttelte nur verständnislos mit dem Kopf.

Nun bleibt mir nichts anderes übrig, als mich auf das nächste Jahr zu freuen, wenn im Juni wieder die Hecke blüht. Meine singende klingende Hecke. Ich werde gut auf sie aufpassen.

Der singende Frosch (Reimgeschichte)

Ein Frosch, ein lustig dicker Mann,
singt sein Abendliedchen, so gut er … (kann).
Quak, quak!
Er quakt so laut, es tönt und schallt,
man hört es tönen im ganzen … (Wald),
er denkt, es kann niemand wie er,
und glaubt, dass er der Beste … (wär),
er bläst sich dabei gewaltig auf,
doppelt so groß wird sein dicker … (Bauch).
Quak, quak!
Schon bald kommt er in große Not,
da er jetzt zu platzen … (droht),
der dicke Froschmann singt und singt,
dass es bis zum Rathaus … (klingt).
Quak, quak!
Froh wärmt er sich im Sonnenschein,
und fängt mal eine Fliege … (ein),
erst als die Sonne untergeht,
auch der Frosch nach Hause … (geht).
Quak, quak!

Ein Männerschnupfen

Eines Morgens wachte Harry schon sehr früh auf. Es war erst sechs Uhr, da schlief er normalerweise noch. Sofort bemerkte er, dass etwas mit ihm nicht stimmte. Er fühlte sich nicht wohl, da war etwas nicht in Ordnung. Da kratzte es doch in seinem Hals. Und lief da nicht seine Nase? Und alle seine Knochen taten ihm weh. Ja, es war eindeutig. Er war krank. Sehr, sehr krank. Und als ihm das so richtig klar war, stöhnte er ganz laut. Doch seine Frau, die noch neben ihm schlief, hatte es nicht gehört. Er stöhnte noch einmal. Nichts. Er stöhnte erneut, und zwar richtig laut. Na endlich, seine Frau war aufgewacht.

„Was ist los? Kannst du nicht schlafen?“, fragte sie etwas ärgerlich.

„Ich bin krank. Ich werde heute nicht aufstehen können, weil ich sehr schlapp bin“, jammerte Harry.

„Stell dich nicht so an und schlaf weiter“, meinte seine Frau.

„Ich stell mich nicht an.“

„Doch“, sagte seine Frau.

„Nein“, meinte Harry.

„Du siehst aber nicht krank aus und Fieber hast du auch nicht“, sagte seine Frau und nahm die Hand von Harrys Stirn. Dann stand sie auf und ging in die

Küche. Harry jammerte und seufzte. Dann rief er laut: „Mir geht es schlecht und meine Frau lässt mich alleine. Ich habe Durst." Seine Frau brachte ihm eine Flasche Wasser. Harry bedankte sich und meinte: „Es wird immer schlimmer. Ich habe Schnupfen, Halsweh, wackelige Beine und Gliederschmerzen. Ich bin außer Gefecht gesetzt. Bitte hole mir eine gute Medizin aus der Apotheke." Da meinte seine Frau: „Dann kann ich ja gleich noch ins Kaufhaus gehen und mir was Schwarzes zum Anziehen holen. Für den Fall, dass du von mir gehen willst." Sie lachte und ging. Harry stöhnte laut und lange.

Seine Frau war unterdessen in der Apotheke angekommen. Sie schilderte die Wehwehchen ihres Mannes. Die nette Apothekerin nickte immer wieder. Dann sagte sie lächelnd: „Ihr Mann hat einen typischen Männerschnupfen. Männer empfinden ein leichtes Unwohlsein viel stärker als wir Frauen. Sie wollen bedauert und bemitleidet werden. Geben sie ihrem Mann Kamillentee zum Gurgeln. Außerdem soll er viel trinken und schlafen. Dann gebe ich ihnen noch Traubenzuckertabletten mit. Aber sagen sie ihrem Mann nicht, dass es Traubenzucker ist. Er soll glauben, dass er Medizin einnimmt. Sie werden sehen, ihr Mann wird bald wieder fit sein."

Und genauso war es. Am nächsten Tag war Harry wieder gesund. Ja, so ist es eben mit unseren Männern, wenn sie einen Männerschnupfen haben.

Freche Möwen

An der Nordsee gibt es viele Möwen. So viele, dass man sie kaum noch zählen kann. Und wenn diese Möwen hungrig sind, können sie ganz schön frech werden. Die Einheimischen kennen das nur zu gut, aber die Urlauber nicht. Sie fallen immer wieder auf die Tricks der Möwen herein. Die Möwen können nämlich ganz schön auf Zack sein und wissen genau, wie sie am besten und schnellstens an ihre Beute kommen. Deshalb halten sie sich gerne in der Nähe von Fischständen, Bratwurstbuden oder Eiswagen auf. Ja, hier gibt es immer was. Ab und zu fällt etwas auf die Erde oder wird in den Abfallkübel geworfen. Gerne stibitzen sie sich auch etwas vom Teller oder sogar direkt aus der Hand. Sie sind ganz schön frech, diese Möwen.

Vor einigen Tagen saß ich auf einer Bank auf der Strandpromenade. Ich beobachtete die Möwen und die Menschen. Ich sah einen kleinen Jungen an der Eisbude, der gerade sein Eis entgegennahm. Gleichzeitig sah ich zwei Möwen, die schon auf das Eis lauerten. Ich meinte hören zu können, wie eine Möwe zu der anderen sagte: „Hast du Lust auf ein Eis?“ Und die andere dann sagte: „Au ja, los geht's.“ Dann stürzten sie sich mit viel Gekreische auf das Eis des kleinen

Jungen. Schwupp hatte die eine Möwe das ganze Eis geschnappt und flog damit davon. Die andere flog hinterher. Wohl in der Hoffnung etwas abzubekommen. Der kleine Junge guckte verdutzt auf seine Hand, die war leer. Seine Mutter kaufte ein neues Eis und passte gut auf, dass keine Möwe es stibitzen konnte.

Am Fischstand war ein Mann, der gerade in sein Fischbrötchen beißen wollte. Es war ein Matjesbrötchen. Und genau in dem Moment, als er hineinbeißen wollte, stürzte eine Möwe auf ihn herab. Sie schnappte sich im Flug das Brötchen und flog davon. Der Mann sah ungläubig der Möwe hinterher und ich musste lachen. Ich meinte zu hören, dass die Möwe auch lachte.

Währenddessen kaufte sich eine junge Frau eine Bratwurst im Brötchen. Sie hatte Hunger und biss gleich ein Stück ab. Über ihr kreiste eine Möwe. Die sah gierig auf die Bratwurst. Der Speichel tropfte ihr schon aus dem Schnabel. Die Möwe fackelte auch nicht lange und schoss auf die Bratwurst zu. Die junge Frau schrie vor Schreck auf, dann rannte sie los. Die Möwe flog hinterher. Die junge Frau lief, was sie konnte, im Zickzack, im Kreis und wieder geradeaus. Bis sie einen Strandkorb erreichte und sich schnell darin versteckte. Die Möwe kreiste noch einmal um den Strandkorb herum, dann flog sie beleidigt davon.

Die junge Frau hatte Glück gehabt und konnte ihre Bratwurst im Brötchen retten und essen. So sind sie, die frechen Möwen. Man muss einfach versuchen sie zu überlisten. Gut ist es immer, wenn man zu zweit ist, dann kann immer einer aufpassen.

Kommt ein Vogel …
(Reimgeschichte)

Ich ließ mich auf einer grünen Wiese nieder,
rundherum blühte der duftende … (Flieder),
wohltuend wärmte mich die Sonne,
ich genoss es sehr, es war eine … (Wonne),
plötzlich kam ein Vogel geflogen,
da habe ich den Kopf ge… (hoben),
er ließ sich nieder auf meinen Fuß,
ein Zettel im Schnabel, von der Mutter ein' … (Gruß),
fern von der Heimat, fremd bin ich hier,
kein Bruder, keine Schwester fragt nach … (mir),
es ist schon die Sommerzeit,
und ich bin immer noch so … (weit),
weit weg von daheim,
ich würde gerne zu Hause … (sein),

lieber Vogel nimm mit einen Gruß und Kuss,
ich kann nicht mitkommen, weil ich hier bleiben …
(muss).

Kommt ein Vogel geflogen

Text: A. Bäuerle (1820), Melodie: W. Müller
(aus einer Wiener Zauberoper)

Kommt ein Vogel geflogen,
setzt sich nieder auf mein' Fuß,
hat ein Zettel im Schnabel, von der Mutter ein' Gruß.

Ach, so fern ist die Heimat,
und so fremd bin ich hier,
und es fragt hier kein Bruder,
keine Schwester nach mir.

Hab mich allweil vertröstet auf die Sommerzeit,
und der Sommer ist kommen,
und ich bin noch so weit.

Lieber Vogel, flieg' weiter,
bring ein Gruß mit und ein Kuss,
denn ich kann dich nicht begleiten,
weil ich hier bleiben muss.

Ein Stück Schweizer Käse

Schwer bepackt, mit vollen Einkaufstaschen, kam Trudi nach Hause. Sie stellte die Taschen auf dem Küchentisch ab und begann auszupacken. Brot, Butter, Schinken und Wurst, Tomaten, Milch, Möhren und ein Kopfsalat. Trudi stutzte. Oh nein, da fehlte doch etwas. Sie hatte den Schweizer Käse vergessen. Das war jetzt aber nicht so gut. Trudi rief nach ihrem Mann und der kam auch bald in die Küche geschlurft. „Was gibt es, warum rufst du nach mir?", fragte Paul.

„Ach Paul, ich habe den Schweizer Käse vergessen. Bitte lauf mal schnell in den Supermarkt und hole an der Käsetheke den Käse für uns", sagte Trudi. „Muss das sein? Brauchen wir den Käse so dringend?", meinte Paul, der nämlich gerade keine Lust hatte. Trudi sagte: „Ja, wir brauchen den Käse zum Frühstück. Du isst ihn doch so gerne." Trudi reichte Paul einen Geldschein.

„Wie heißt der Käse noch mal?"

„Schweizer Käse und ruhig ein großes Stück", meinte Trudi.

„Wie sieht er aus?", fragte Paul.

„So wie Schweizer Käse aussieht. Gelb und er hat viele Löcher", erklärte Trudi. Paul lief zum Supermarkt. Er bummelte an den Schaufenstern der Geschäfte entlang. Vor einem Schaufenster blieb er stehen. Hier gab es schicke Kofferradios und die neumodernen Musiktruhen. Da war alles drin, was man brauchte. Ein Radio und ein Plattenspieler. Einfach toll. So etwas wollte Paul auch haben. Paul ging weiter und stand bald vor dem Supermarkt. Oje, was sollte er noch mal einkaufen? Ach ja, Käse, es war Käse, den er holen sollte. Paul ging zur Käsetheke.

„Bitte schön, was darf ich Ihnen geben?", fragte die Verkäuferin.

„Ich hätte gerne Käse", sagte Paul.

„Welcher Käse soll es denn sein?" Paul schaute sich um. Ach herrje, da lag eine Menge Käse in der Auslage. Wie hieß denn noch gleich der Käse, den er mitbringen sollte. „Moment bitte, ich muss nachdenken", meinte Paul. War es deutscher Käse, Holländer Käse, französischer Käse oder gar italienischer Käse? Paul kam ins Schwitzen. Nach einer Weile meinte er: „Geben Sie mir bitte ein großes Stück gelben Käse mit vielen Löchern."

„Aha, Sie möchten Schweizer Käse", sagte die Verkäuferin und schnitt eine dicke Scheibe ab. Paul nickte, nahm den Käse, bezahlte an der Kasse und lief heim. Zu Hause meinte seine Frau Trudi: „Na, das ist ja ein gewaltig großes Stück."

Paul meinte: „Da sind ja auch mehr Löcher drin

als Käse. Darum ein dickes Stück, schließlich will ich Käse schmecken und keine Löcher essen." Und wo er recht hat, hat er recht.

So schöne Flusskiesel

Der Sommer hatte sich verabschiedet und der Herbst war ins Land gezogen. Er kam mit kühlem Wind und bunten Blättern an den Bäumen. Und wenn die Herbstsonne am Himmel stand, dann leuchteten die gelben, roten und braunen Blätter in ihrem Schein. Und an so einem schönen goldenen Herbsttag gingen Marion und Heinz am Rhein entlang spazieren. Sie genossen die warmen Sonnenstrahlen und das Gezwitscher der Vögel. Sie sahen einige Schiffe, die voll beladen über den Rhein schipperten. Sie lagen tief im Wasser.

Marion stieg an einer Stelle hinab zum Ufer. Sie schaute sich um und entdeckte viele schöne Flusskiesel. Sie lagen im seichten Wasser und schillerten in mehreren Farben. „Heinz, komm doch mal zu mir. Hier gibt es wunderschöne glatt gewaschene Flusskiesel. Ich möchte gerne einige haben", rief sie ihrem Mann zu. Heinz sah zu ihr hinab und fragte: „Was willst du denn damit?" „Die möchte ich anmalen und den Garten damit dekorieren", rief Marion. Heinz stapfte den Hang hinunter bis ans Ufer. Er sah die Steine im Wasser und sagte: „Wie soll ich denn darankommen, die liegen ja alle unter Wasser."

„Ganz einfach. Ziehe deine Schuhe und Socken aus. Hose hochkrempeln und fertig", erklärte Marion. Sie meinte es ernst. Also tat Heinz, wie von ihm verlangt. Dann stieg er ins Wasser. „Brrrr, ist das kalt", rief er. „Stell dich nicht so an", meinte seine Frau.

Heinz fischte einen Flusskiesel aus dem Wasser und gab ihn seiner Frau. Dann fischte er einen zweiten und dann noch einen dritten Flusskiesel heraus. Seine Frau sagte: „Die sind toll. Aber etwas weiter vor dir, da liegt ein besonders großer und schöner." Heinz stöhnte. Er ging zwei Schritte nach vorne. Das Wasser war nun schon etwas tiefer und reichte bis zu seinen Waden. Marion rief: „Etwas weiter nach rechts."

Und dann ging alles ganz schnell. Heinz verlor das Gleichgewicht, er schrie kurz auf und dann platschte es. Heinz lag im Wasser vom alten Vater Rhein. Das muss wohl recht komisch ausgesehen haben, denn Marion lachte laut und herzlich. Heinz hob den rechten Arm, er hatte den schönen Kieselstein in der Hand und seine Frau jubelte. Triefend nass kletterte er ans Ufer. Seine Frau sagte: „Danke, du bist ein guter Mann.“ Und das meinte sie ehrlich. Heinz saß frierend im Gras, am schönen Rheinufer.

Schnell lief Marion nach Hause und holte das Auto und eine warme Decke, um den nassen Heinz zügig nach Hause zu bringen. Den ersten Kieselstein, so nahm sie sich vor, wollte sie für ihren Mann bemalen.

Was wir so alles machen (Reimgeschichte)

Wir schnuppern mit der Nase,
Blumen stellen wir in eine … (Vase),
Kniestrümpfe ziehen wir über die Waden,
wir nähen mit Nadel und … (Faden),
wir trinken aus der Tasse,
Geld holen wir von der … (Kasse),
wir denken mit dem Kopf,
Suppe kochen wir im … (Topf),
wir fegen mit einem Besen,
und haben schon viel Bücher ge… (lesen),
ausruhen können wir im Sessel,
Wasser kochen wir im … (Kessel),
wir streichen uns Butter auf das Brot,
bleiben an der Ampel stehen bei … (rot),
wir lieben die Sonne, den Mond und die Sterne,
und ab und zu reisen wir in die … (Ferne),
wir machen uns die Haare schön,
wenn wir mit einem Mann aus… (gehn),
wir cremen uns ein,
dann riechen wir … (fein),
wir schlafen in einem Bett,
und träumen hoffentlich … (nett).

Gutes Essen

Es war zwölf Uhr mittags. Zeit für das Mittagessen. Heino lehnte den Laubrechen an den Schuppen und ging ins Haus. Er freute sich auf das Mittagessen. Er hatte sich eine Schweinshaxe mit Knödeln und Sauerkraut gewünscht. Harte Gartenarbeit forderte ein gutes fettes Essen. Knusprig gebraten und gut gewürzt. Heino wusch sich die Hände. Ihm lief bei dem Gedanken an die fette Haxe schon das Wasser im Mund zusammen. Nur merkwürdig, dass er noch nichts roch. Kein würziger Bratenduft kam aus der Küche. Nun ja, möglich, dass die Frau bereits gut gelüftet hatte. Heino eilte in die Küche.

„Ist die Haxe schon fertig?“, fragte er. Seine Frau Jutta sagte: „Nein.“ „Dann schiebe sie schnell ins Rohr. Ich habe Hunger“, meinte Heino. Jutta sagte: „Es gibt keine Schweinshaxe, auch keine Knödel und kein Sauerkraut. Es gibt heute Ofenkartoffeln mit Kräuterquark. Dazu brate ich uns ein Stück Lachs. Das ist ein gesunder Fisch.“

Heino verschlug es die Sprache. Er hatte sich doch so auf die knusprige Haxe gefreut. Er holte tief Luft und sagte: „Warum denn das?“ Seine Frau Jutta erklärte: „Wir sind beide über sechzig Jahre alt. Wir müssen etwas für unsere Muskeln tun. Das heißt: Bewegung und gesundes Essen. Gutes eiweißhaltiges Essen. Die Muskeln brauchen Eiweiß. Und das gibt es ab heute."

Entsetzt setzte sich Heino an den Küchentisch. Oje, oje, Kartoffeln mit Quark. Und dann auch noch Fisch. Er würde bestimmt nicht satt werden. Kein Fleisch, keine fette Haxe. Wenig später stand das Essen auf dem Tisch. Heino wickelte seine in Alufolie gepackte Kartoffel aus. Vorsichtig probierte er. Mmh. Er nahm noch eine Gabel voll, dann sagte er: „Gar nicht schlecht." Dann aß er von dem Lachs. „Mmh, lecker", sagte Heino und aß alles auf. Als er fertig war, meinte Heino: „Ich glaube, meine Muskeln sind schon viel fester."

Seine Frau lachte und sagte dann: „Warte mal ab, es wird noch viel besser werden. Morgen gibt es Omelette, aus Eiern und Milch. Übermorgen gibt es Stampfkartoffeln mit Spiegelei. Und am Samstag gibt es einen Erbseneintopf. Am Sonntag bekommst du dann deine Schweinshaxe, mit Knödel und Sauerkraut."

Heino war zufrieden und freute sich auf Sonntag.

Mit Häkelnadel und Wolle

Einmal in der Woche, meistens an einem Mittwoch, trafen sich drei Freundinnen. Sie hießen Emma, Christa und Sofia. Alle drei häkelten sehr gerne und das macht bekanntlich in Gesellschaft doppelt so viel Spaß. Es gab ja auch immer viel zu erzählen. Neuigkeiten aus der Nachbarschaft waren besonders wichtig. Das Fernsehprogramm bot ebenfalls viel Gesprächsstoff. Gerne wurden Koch und Backrezepte ausgetauscht. Aber an erster Stelle stand das Häkeln.

Vor einiger Zeit häkelte Christa an einem Dreieckstuch. Eins aus schöner warmer Wolle, das an kühlen Tagen die Schulter und den Rücken wärmte. Emma häkelte an einem Einkaufsnetz. Das war gerade groß in Mode. Doch es war bald fertig und darum hatte sie bereits neue Wolle dabei. Sie wollte sich gerne Kissenbezüge für das Sofa häkeln. Und Sofia häkelte Topflappen. Sie häkelte immer Topflappen. Nie mal etwas anderes. Die drei Freundinnen saßen auf der Terrasse. Das Wetter war schön, die Sonne lachte am Himmel. Es war Mittwoch und Christa war an diesem Nachmittag die Gastgeberin. Es gab frisch aufgebrühten Kaffee und selbst gebackene Kekse. Emma zeigte stolz ihre neue Wolle und alle waren begeistert.

Sofia legte ihren Topflappen an die Seite und besah

sich die Wolle genauer. Sie hielt das Knäul ins Sonnenlicht, um die Farben richtig sehen zu können. Plötzlich kam eine Hummel herbeigeflogen und landete auf dem Wollknäul. Sofia erschrak und ließ das Knäul fallen. Es rollte auf dem Terrassenboden. Da kam die Katze angesprungen und schnappte sich das Knäul. „Mietzi, lass die Wolle los", rief Christa. Doch Mietzi hörte nicht. Sie tobte mit der Wolle quer durch den Garten bis in ein Gemüsebeet. Christa, Emma und Sofia stürmten hinterher. Die Katze fauchte, als Christa die Wolle aufhob. Sie gab sie weiter an Emma. Und die sah sich das zerzauste Knäul an. „Ist ja noch mal gut gegangen, nur ein wenig Erde, sonst ist nichts passiert", meinte Emma.

Christa holte eine Flasche Eierlikör und goss drei Likörgläser voll. „Den haben wir uns jetzt verdient", meinte sie. Na dann, Prost.

Ich bin ein Freund (Reimgeschichte)

Ich liebe die Menschen, ob groß oder klein,
für jeden möchte ich ein guter Freund … (sein),
ich möchte helfen, wo ich kann,
Sorgen teilen, dann und … (wann),
ich will ein guter Freund sein, an grauen Tagen,
mit euch auf Berge steigen, die in den Himmel … (ragen),
ich möchte mit euch weinen und lachen,
und tausend schöne Sachen … (machen),
ich will für euch da sein, wenn ihr in Not seid,
zu jeder Zeit bin ich für euch be… (reit),
ich möchte euch trösten,
wenn die Not ist am … (größten),
ich habe für alle Sonne im Herzen,
da ist kein Platz mehr für … (Schmerzen),
ich kann euch Geschichten erzählen,
oder wir singen, ihr könnt … (wählen),
ich bin ein Freund und für euch da,
Tag und Nacht, das ist doch … (klar),
ein Freund ist das Beste auf der Welt,
und kostet absolut kein … (Geld).

Im Krankenhaus

Einmal war ein Mann schwer gestürzt. Schuld daran war feuchtes Herbstlaub auf dem Gehweg. Er war ausgerutscht, hingefallen und hatte sich ein Bein gebrochen. Der Mann hieß Herr Spengler und er wurde mit einem Rettungswagen in ein Krankenhaus gebracht. Oje, Herr Spengler war noch nie in einem Krankenhaus gewesen. Er musste operiert werden und bekam dann einen Gips. Vom Fuß bis zum Ende des Oberschenkels, also das ganze Bein war eingegipst. Danach bekam er ein Bett in einem Zweibettzimmer. Doch das Bett neben ihm war frei. Er war ganz allein. Herr Spengler hatte einen eigenen Nachttisch und einen Schrank. Er schaute sich um und stellte fest, dass das Zimmer schön hell war und dass es auch einen Fernseher gab. Nur schade, dass er allein war. So wie zu Hause. Dort war er auch allein.

Die Schwester, die ihn aufs Zimmer gebracht hatte, zeigte auf einen Klingelknopf und sagte: „Wenn sie etwas brauchen, klingeln sie." Dann ging sie. Herr Spengler überlegte. Ob das mit dem Klingeln wohl so stimmte? Einfach klingeln und dann kam jemand? Er probierte es aus. Und tatsächlich kam die Schwester. Sie fragte: „Was kann ich für Sie tun, Herr Spengler?"

„Ich habe Durst", sagte Herr Spengler. Fünf Minuten später bekam er eine Flasche Wasser. Donnerwetter. Herr Spengler staunte nicht schlecht. Ob das wohl noch einmal funktionierte? Herr Spengler drückte erneut auf den Klingelknopf. Eine Schwester kam. „Ich habe Hunger“, sagte Herr Spengler.

„Das Mittagessen kommt gleich“, sagte die Schwester. Und tatsächlich kam wenig später ein komplettes Mittagessen, mit Nachtisch. „Das ist ja wie in einem Hotel hier“, sagte der staunende Herr Spengler. Das wollte er ausnutzen, so gut hatte er es noch nie gehabt. Hier gefiel es ihm, hier wollte er Urlaub machen.

Am späten Nachmittag klingelte er erneut. Die Schwester kam schnell. Herr Spengler sagte: „Ich möchte einen Bettnachbarn, damit ich nicht so allein bin.“ Die Schwester lachte und ging. Oh, schade, dieser Wunsch konnte wohl nicht erfüllt werden. Herr Spengler war ein wenig traurig.

Eine halbe Stunde später ging die Tür auf. Die Schwester schob einen Rollstuhl herein. In dem Rollstuhl saß ein Mann, dessen linkes Bein eingegipst war. Der Mann bekam das freie Bett neben dem Herrn Spengler. Und der Herr Spengler staunte und lächelte dem Mann zu und der lächelte zurück. Herr Spengler sagte: „Danke Schwester.“ Und dann lächelte auch die Schwester.

Wo ist mein Bademantel?

Es war sieben Uhr in der Früh, als Herr Schulte im Schlafanzug in die Küche geschlurft kam. „Christel, wo ist mein blauer Bademantel? Er hängt nicht an seinem Haken“, rief Herr Schulte. Wie konnte das nur sein, er hing doch immer dort. Schon seit vielen Jahren.

„Da hängt ein neuer Bademantel für dich. Der alte blaue Bademantel war abgewetzt und nicht mehr schön. Also nimm den neuen“, erklärte Christel. „Ich will keinen neuen und schon gar keinen weißen Bademantel. Wo ist mein alter blauer Bademantel“, sagte Herr Schulte verzweifelt. Er ahnte Schlimmes. Herr Schulte hing an seinem alten Bademantel und das hatte seine Frau wohl nicht gewusst. Sie hatte ihn verschenkt. Und so erfuhr Herr Schulte, dass nun ein Nachbar, der sehr wenig Geld hatte, der neue Besitzer seines Bademantels war. Und, als wenn das nicht schon reichte, auch noch von ein paar gefütterten Winterschuhen. Und obendrauf noch einem Strickpullover.

Herr Schulte kleidete sich in Windeseile an und eilte zu dem Nachbarn. Er klingelte und der Nachbar öffnete die Tür. Herr Schulte sagte: „Könnte ich bitte meinen Bademantel wiederbekommen?“ Die Antwort war ein klares: „Nein.“

„Warum nicht? Es ist doch mein Bademantel“, fragte Herr Schulte.

„Jetzt nicht mehr. Geschenkt ist geschenkt“, meinte der Nachbar. Herr Schulte stutzte und dachte nach. Ja, eigentlich hatte der Nachbar recht. Doch er wollte so schnell nicht aufgeben. Herr Schulte suchte nach einer Lösung. Da kam ihm eine Idee. Er eilte zurück in die Wohnung, schnappte sich den neuen weißen Bademantel und lief erneut zu seinem Nachbarn. Er klingelte und die Tür öffnete sich wieder. Herr Schulte hielt den neuen Bademantel hoch und sagte: „Würden Sie denn tauschen? Diesen neuen gegen meinen alten blauen Bademantel?“

Der Nachbar strahlte und meinte: „Da tausche ich gerne.“ Er holte schnell den alten Bademantel. Und als der Tausch stattgefunden hatte, ging Herr Schulte wieder zurück zu seiner Frau. Seine Frau Christel schüttelte nur mit dem Kopf. Dann meinte sie lächelnd: „Ein teurer Tausch, aber es ist gut so. Wenn man so sehr an etwas hängt, dann sollte man es auch behalten.“

Rentner sein … (Reimgeschichte)

Rentner sein ist wunderschön,
man hat viel Zeit sich umzu… (seh'n),
Zeit, um schöne Dinge zu machen,
und mal wieder ausgiebig zu … (lachen),
man braucht nicht mit der Zeit zu sparen,
man kann zu jeder Zeit weg… (fahren),
ist das Ziel auch noch so weit,
als Rentner hat man massig … (Zeit),
während alle rennen, hasten und eilen,
können Rentner gemütlich ver… (weilen),
Schluss ist es mit dem frühen Zubettgehen,
um in aller Frühe wieder aufzu… (stehen),
der Rentner, der ist ja nicht dumm,
der dreht sich einfach noch mal … (um),
wird es am Abend einmal spät,
weil der Krimi so lange … (geht),
betrachtet er es als Gemütlichkeit,
denn er hat ja so viel … (Zeit),
ein Rentner genießt es mit Gelassenheit,
denn er hat es nicht eilig, er hat … (Zeit),
Zeit ist ein schönes kostbares Gut,
auch Sie werden sie haben, nur … (Mut).

Eine Schildkröte, die hinaus in die Welt will

Es lebte einmal eine Schildkröte, die mit sich und der Welt nicht zufrieden war. Nichts gefiel ihr und was sie zum Fressen fand, schmeckte ihr nicht. Mit den Tieren in ihrer Nachbarschaft verstand sie sich nicht. Der Wald, in dem sie lebte, war ihr zu dunkel und zu eng. So sagte sie sich eines Tages: „Ich ziehe hinaus in die Welt, um mein Glück zu suchen." Dann marschierte sie los. Sie musste den ganzen Tag laufen, um aus dem Wald herauszukommen. Und dann wurde es gefährlich, sie musste eine Straße überqueren. Die Autos fuhren so schnell und sie war so langsam. Doch die Schildkröte hatte Glück. Ein Auto hielt an, der Fahrer stieg aus und trug sie heil über die Straße. Sie zitterte vor Aufregung. Sie war zum ersten Mal einem Menschen begegnet.

Tapfer lief sie weiter. Sie lief die ganze Nacht hindurch. Herrje, die Welt war aber auch ganz schön groß. Im Morgengrauen kroch sie durch eine Hecke. Dann sah sie ein Haus. Sie fand es ein wenig komisch und konnte nicht glauben, dass man darin wohnen konnte. Sie meinte: „Da sieht mein Schildkrötenpanzerhaus doch viel schmucker aus." Aber rund um das Haus sah es sehr hübsch aus. Es gab auch einen Garten. Und dort gab es Salat. Hurra, Salat! Die Schildkröte hatte Hunger und fraß sich satt. Dann war sie müde. Sie zog sich in ihren Panzer zurück und schlief. Sie träumte von saftigem, knackigem Salat.

Am Nachmittag wurde sie von einer Stimme geweckt. Es war eine tiefe Männerstimme und die sagte: „Na, wen haben wir denn da? Hast du von dem Salatkopf genascht? Wie heißt du denn?"

„Witzig", dachte die Schildkröte. Sie konnte schließlich nicht sprechen. Dann wurde sie in eine Holzkiste gesetzt. „Was soll das denn werden?", rief sie. Doch es konnte sie niemand verstehen. Dann wurde gewerkelt. Neben ihr, über ihr, an allen Seiten wurde gezimmert. Gehämmert, geklopft, gesägt und es flogen die Späne. Als es Abend war, hob der Mann die Schildkröte aus der Kiste. „Hilfe, was macht man jetzt mit mir? Ob ich mal in die Hand beiße?", schrie die Schildkröte. Sie hatte Angst. Doch dann wurde sie ganz behutsam auf eine weiche Wiese gesetzt. Oh, wie schön. Es gab Gras und es gab frische Erde. Da waren kleine Äste und ein Holzhäuschen. Und juhu, da lagen frische Salatblätter. Sofort stürzte sie sich auf den Salat.

Doch wo war sie? Rundherum gab es einen Zaun. Und das Holzhäuschen war sehr hübsch. Da konnte man gut Schutz suchen. Vor Feinden oder vor dem Regen oder vor den heißen Sonnenstrahlen. Es gefiel der Schildkröte so gut, dass sie beschloss zu bleiben. „Das wird mein neues Zuhause. Meine Reise hat sich gelohnt. Hier habe ich es gut. Hier ist alles, was ich brauche. Ich habe mein Glück gefunden“, sagte eine zufriedene und glückliche Schildkröte.

Der Leierkastenmann

In einer kleinen Stadt lebte einmal ein Mann, der August hieß. August war ein lebenslustiger, immer freundlicher Mensch. Doch er war nicht alleine. Eine kleine schwarze Pudelhündin begleitete ihn durch das Leben. August war Rentner und hatte viel Zeit. So brachte er der Pudelhündin viele kleine Kunststücke bei. Ja, sogar das Tanzen. Die Pudeldame hieß Belli und hatte ihren Spaß dabei.

August hatte ein Hobby und das war sein Leierkasten. Er pflegte ihn gut. Und wenn er die Kurbel drehte, spielte die Orgel schöne alte Volkslieder und auch Schlager. Einmal täglich spielte August den Leierkasten und sang dazu.

Eines Tages passierte etwas Lustiges. August drehte

mal wieder die Kurbel seines Leierkastens. Die Orgel darin spielte den Schneewalzer. Plötzlich sprang Belli, die Pudelhündin, vom Sofa und drehte sich zur Musik im Kreis herum. Dann stellte sie sich auf die Hinterbeine und tanzte auf zwei Beinen. August staunte. Er rieb sich die Augen, weil er nicht glauben konnte, was er sah. Da kam ihm eine Idee. Und vielleicht, mit ganz viel Glück, konnte er damit sogar seine magere Haushaltskasse auffüllen. Er dachte noch ein wenig darüber nach. Dann probte er mit Belli noch ein paar Male das Tanzen. Es klappte.

Einige Tage später machten sich die beiden mit dem Leierkasten auf den Weg zum Marktplatz. August suchte sich einen schönen schattigen Platz am Brunnen. Er platzierte den Leierkasten und drehte an der Kurbel. Der Leierkasten fing an zu spielen und August sang dazu. Aus voller Kehle sang er: „Marmor, Stein und Eisen bricht, aber unsere Liebe nicht." Belli sprang auf und tanzte dazu. Erst im Kreis herum, dann auf zwei Beinen.

Die Menschen kamen herbei. Große und kleine Leute sangen und klatschten. Als das Lied zu Ende war, kam das nächste. „Schuld war nur der Bossa Nova". Belli tanzte und tanzte. August trällerte, was die Kehle hergab. Die Menschen hatten viel Spaß. Nach jedem Lied verbeugte sich August, nahm seinen Hut und ging einmal damit um die Runde. Die

Menschen warfen zum Dank Geldstücke hinein. Doch dann war es Zeit zum Gehen.

Ein kleiner Junge streichelte die kleine Pudelhündin und fragte: „Wann kommst du wieder Leierkastenmann?“ „Morgen“, sagte August. Ab diesem Moment hieß August „Der Leierkastenmann“ und er war stolz darauf.

Der Himmel auf Erden (Reimgeschichte)

Ich habe den Himmel auf Erden,
schöner kann es nicht … (werden),
ein Haus und ein Garten sind mein,
besser kann es nicht … (sein),
bunte Blumen zieren meinen schönen Garten,
das Vogelgezwitscher lässt nicht lange auf sich … (warten),
mein Kühlschrank ist immer voll,
das finde ich ganz … (toll),
der Herrgott meint es gut mit mir,

und ich sage: Gott, ich danke … (dir),
ich bin stark und gesund,
meine Welt ist schön und … (bunt),
ich freue mich auf jeden neuen Tag,
auf den Kaffee am Morgen, den ich so … (mag),
meine Nachbarn sind alle nett,
ich habe ein gutes weiches … (Bett),
ein Ofen, der mich im Winter wärmt,
eine hübsche Frau, die für mich … (schwärmt),
ich fühle mich wohl auf dieser Welt,
dazu brauche ich gar nicht viel … (Geld),
mein Leben ist schön, schöner kann es nicht werden,
ich habe den Himmel auf … (Erden).

Ein Stück Seife, bitte!

Herr Wölfle war aus dem Urlaub zurück. Die vierzehn Tage im Schwarzwald hatten ihm recht gutgetan. Nun, da er wieder zu Hause war, überlegte er, wie er seiner Nachbarin eine kleine Freude machen könnte. Sie hatte sich nämlich in den vierzehn Tagen um seine Zimmerpflanzen gekümmert und die Post aus dem Briefkasten geholt. Die Post lag fein säuberlich aufgestapelt auf dem Küchentisch und den Blumen und Grünpflanzen ging es gut. Doch was konnte man einer Frau kaufen? Blumen? Ach nein, das war zu einfach. Vielleicht eine schöne Flasche Wein? Pralinen? Ach, so etwas schenkte doch jeder. Es sollte etwas Besonderes sein. Etwas, das seiner Nachbarin auch Freude machte. Aber was?

Herr Wölfle dachte angestrengt nach. Er kratzte sich am Kinn. Er kratzte sich ausgiebig am Kopf. Dann hatte er eine Idee. Herr Wölfle lief los, und zwar zum nahe gelegenen Drogeriemarkt. Schon beim Eintreten bemerkte er, dass es hier gut duftete. Herr Wölfle schlenderte durch den Laden. Creme, Parfüm, Schaumbäder, was es hier nicht alles gab.

Da näherte sich eine Verkäuferin. Sie fragte, ob sie helfen könnte. Herr Wölfle nickte und sagte: „Ich hätte gerne ein schönes Stück Seife.“ Die Verkäuferin meinte: „Was soll es denn für eine Seife sein?“ Oh, jetzt wurde es schwierig. Herr Wölfle meinte: „Eine, die ganz toll duftet und schön aussieht.“ „An welchen Duft hatten Sie da gedacht?“, fragte die Verkäuferin. Herr Wölfle wusste es nicht. Er dachte kurz nach und meinte dann: „Blumig, vielleicht ein Rosenduft. Ich möchte die Seife einer Frau schenken.“ Oh, das war ihm schon fast peinlich. Er wurde leicht rot im Gesicht. „Aha, ich zeige Ihnen mal was“, sagte die Verkäuferin.

Kurze Zeit später lagen etliche Seifen auf der Verkaufstheke. Seifen mit Lavendelduft, Maiglöckchenduft, Rosenduft, Nelkenduft, Olivenseife und Zitronenseife. Herrn Wölfle rauchte der Kopf, ihm brach der Schweiß aus. Wie sollte er sich da entscheiden? Die Verkäuferin bemerkte das und half. „Nehmen Sie doch ein Stück Lavendelseife und ein Stück Zitronenseife. Dann haben Sie etwas Blumiges und etwas Erfrischendes. Die Frauen lieben diese Düfte.“ Dankbar und erleichtert kaufte Herr Wölfle die empfohlenen Seifenstücke.

Wieder zu Hause klingelte er bei der Nachbarin. Er überreichte ihr als Dankeschön für die Blumenpflege die Seife. Die Nachbarin freute sich und bat ihn herein. Es gab Kaffee, Zitronenkuchen und auf dem Tisch stand eine Vase mit Lavendelblüten. Da hatte Herr Wölfle wohl genau die richtige Seife gekauft.

Hochzeit im Wald

In einem Wald lebten einmal zwei Igel. Die beiden Igel kannten sich bereits aus ihrer Igelkinderzeit. Zusammen hatten sie den Wald erkundet und gespielt. Doch nun waren sie groß. Aus den Igelkindern waren ein Igelbursche und ein Igelfräulein geworden. Der Bursche hieß Rolli, weil er sich so schön zu einer Kugel zusammenrollen konnte. Das Igelfräulein hieß Knöpfchen, weil sie so schöne, schwarze, runde Knopfäuglein hatte.

Nun hatten sich die beiden Igel Rolli und Knöpfchen verliebt. Sie wollten zusammenziehen und Kinder bekommen. Doch dafür mussten sie heiraten. Das gehörte sich so, alles musste seine Ordnung haben. So eilten sie eines schönen Tages zur weisen Eule. Sie baten darum, von der Eule getraut zu werden. Die Eule betrachtete die beiden und sagte: „Seid ihr euch auch sicher?“ „Ja“, riefen beide. „Dann kommt in fünf Tagen, um elf Uhr wieder. Das ist ein Sonntag. Ich vermähle die Brautpaare nur am Sonntag“, sagte die weise Eule. Dann drehte sie ihren Kopf nach links, dann nach rechts, so als ob sie nachsehen wollte, ob jemand gelauscht hatte.

Und so war es auch. Der schöne Buntspecht war gerade in der Nähe gewesen und hatte gehorcht. Nur zwei Baumstämme weiter hatte er gesessen. Er hatte jedes Wort verstanden. Nun schmiedete er einen Plan. Am Abend dieses Tages trommelte er alle Waldbewohner zusammen und erzählte die Neuigkeit. Alle freuten sich auf die bevorstehende Hochzeit. Die Grashüpfer machten Freudensprünge, die Käfer flogen kreuz und quer, die Vögel flatterten mit den Flügeln, Eichhörnchen sprangen von Ast zu Ast und die Regenwürmer streckten ihre Köpfe aus der Erde.

Der Specht verteilte die Aufgaben, ein jeder sollte einen Beitrag leisten. Dann schickte er alle fort. Die Waldbewohner sollten nun fleißig üben und proben, damit am Sonntag das Hochzeitskonzert ein Erfolg wurde. So geschah es. Alle taten sehr geheimnisvoll. Und die beiden Igel, Rolli und Knöpfchen, wunderten sich, warum kaum ein Waldbewohner zu sehen war.

Dann war es so weit. Es war Sonntag und es war elf Uhr, als Rolli und Knöpfchen bei der Eule ankamen. Frisch geputzt saß die Eule feierlich auf einem Ast. Rolli und Knöpfchen standen darunter, als die Eule mit ihrer festlichen Rede begann. Und mit den Worten: „Und somit seid ihr Mann und Frau. Ihr dürft euch jetzt küssen“, schloss sie die Rede. Und als das Brautpaar sich küsste, war das das Startzeichen für die anderen Waldbewohner. Das Hochzeitskonzert konnte beginnen.

Die Nachtigall trällerte, so schön sie nur konnte, das Rotkehlchen sang aus voller Kehle, die Käfer, Hummeln und Bienen brummten und summten. Die Frösche quakten, der Specht spielte die Trommel, die Meisen die Flöten. Es tirilierte, es flötete, es piepste, es zirpte und krähte, es schmetterte und trillerte und es zwitscherte über den beiden Igeln. In allen Bäumen saßen die Musikanten. Rolli und Knöpfchen waren nun Mann und Frau. Vor Freude tanzten sie zu der schönen Musik. Sie tanzten und tanzten, solange die Musik erschall.

Die Kuh (Reimgeschichte)

Auf der Weide stand eine Kuh,
die machte laut und fröhlich ... (muh),
doch was kaut sie da,
ich sah wohl nicht ... (klar),
die glückliche Kuh,
kaute auf einem ... (Schuh),
die Schnürsenkel baumelten aus dem Maul,
liebe Kuh, das ist nicht ... (schlau),
dein Bauch wird dir schmerzen,
und du bekommst es am ... (Herzen),
gib mir bitte den Schuh,
der ist nichts für eine ... (Kuh),
doch die Kuh, die kaute und kaute,
und mich dabei an... (schaute),
friss doch Gras du schöne Kuh,
und nicht diesen dummen ... (Schuh),
da grinste die Kuh
und ließ fallen den ... (Schuh),
der Schuh, der fiel einfach herunter,
die Kuh fraß Gras und war sehr ... (munter),
die glückliche Kuh
machte fröhlich ... (muh).

Wie heißt das Fest?

Es ist Herbst. Der letzte Wagen bringt die letzten Garben ein. Die Speicher sind voll mit Weizen, Roggen und Gerste. Das letzte Obst ist von den Bäumen gepflückt. Die Ernte war gut, die Menschen sind zufrieden. „Welch ein Segen hat uns diese Erntezeit gebracht“, meinen die Bauern. Sie sind dankbar und wollen ihre Dankbarkeit zeigen.

So schmücken sie ihre Wagen mit Blumen, Obst und Getreide. Sie singen fröhliche Lieder und heben die Hände zum Himmel. Sie danken Gott in großer Freudigkeit für die gute Ernte. Und sie feiern das Fest mit Liedern, mit Tänzen und Gebeten.

Wer weiß, wie dieses Fest heißt?

Eine Gutenachtgeschichte (Reimgeschichte)

Am dunklen Himmel wohnt
der gute alte … (Mond),
er blinzelt durch den Apfelbaum
bis hinein in unseren … (Raum),
er lächelt ganz lieb und sacht
und wünscht dir eine gute … (Nacht),
im Garten ist es schon ganz still,
weil alles ruhig schlafen … (will),
das Spätzchen schlüpft ins Nest ganz brav,
es wünscht den and'ren guten … (Schlaf),
die Sternlein leuchten am Himmelszelt,
es ruht nun die ganze … (Welt),
weiße Wolken ziehen am Himmel,
sie sehen aus wie kleine … (Schimmel),
unser Kätzchen liegt am Herd,
daneben schläft dein Schaukel… (pferd),
alle sind müde und brav,
auf der Weide schläft ein … (Schaf),
auf der Wiese schläft die Kuh,
sie ist still und macht nicht … (Muh).
Gute Nacht mein Kind,
schlafe nun ge… (schwind).

Die Bäume meines Opas

Einmal nahm mich mein Opa mit in den Wald. Der Wald war auf einem Berg. Mein Opa und ich stiegen den Berg hinauf. Als wir oben angekommen waren, rief mein Opa auf einmal laut: „Guten Tag liebe Eiche, guten Tag Frau Buche, guten Tag liebe Kastanie. Guten Tag ihr drei." Mein Opa winkte. Es schien so, als winke er Freunden zu. Aber ich sah niemanden. Ich machte mir schon Sorgen um meinen Opa. Doch der lächelte nur. Er stützte sich auf seinen Gehstock und lächelte.

„Wen hast du gegrüßt?", fragte ich ihn. Da sagte mein Opa: „Siehst du die drei schönen Bäume dort? Die Buche, die Eiche und die Kastanie?" „Ja, Opa, die sehe ich", sagte ich ganz verdutzt. Ich muss wohl ziemlich dumm ausgesehen haben, denn mein Opa lachte laut. Ich fragte: „Warum begrüßt du diese Bäume?" Ein kleiner Moment verstrich und dann erzählte mein Opa: „Diese Bäume sind meine Freunde. Als ich so alt war wie du, habe ich diese drei Bäume gepflanzt. Es war damals ein sehr kalter Winter gewesen und die Menschen haben sich Bäume zum Heizen geschlagen. Ein Baum nach dem anderen war verschwunden. Ich war traurig darüber. Und ich wusste, dass man den Berg und den Wald nur retten konnte, wenn man neue junge Bäumchen pflanzte."

Ich staunte, als ich das hörte. Und ich staunte noch mehr, als mein Opa zu jeden seiner Bäume ging und sie umarmte. Er rief: „Sind sie nicht prachtvoll? Wir sind zusammen groß geworden. Nur inzwischen sind sie viel größer als ich. Aber das ist gut so."

Plötzlich hatte ich das Gefühl, die Bäume hätten Augen und Ohren. Ich meinte, sie flüsterten mir etwas zu. Und dann wusste ich, was es war. Ich sagte zu meinem Opa: „Es ist schön seine eigenen Bäume zu haben. Darf ich auch ein Bäumchen pflanzen?"

„Natürlich, mein Junge. Gleich morgen kaufen wir einen jungen Baum und du darfst ihn ganz alleine einpflanzen", sagte mein Opa. Er war stolz auf mich, das spürte ich. Am nächsten Tag pflanzte ich meinen jungen Baum, in dem Wald auf dem Berg. Nun hatte auch ich einen eigenen Baum und ich nahm mir vor, gut auf ihn aufzupassen.

Niemand (Reimgeschichte)

Ungewöhnliche Dinge geschehen in meinem Haus,
wer treibt hier sein Unwesen, vielleicht eine …
(Maus)?
Oder ist es ein spukender Geist,
der mit Namen „Niemand“ … (heißt)?
Wer aß von meinem Milchreis,
wer riss die Zeitung ent… (zwei)?
Wer trat ins Gemüsebeet,
macht, dass das Gartentor offen … (steht)?
Wo ist mein Strickzeug, verflixt,
wer hat die Wurst … (stibitzt)?
Niemand! Niemand war es!
Wer hat den Teppich bekleckst,
wer hat mein Buch wegge… (hext)?
Wer hat die Buntstifte zerbrochen,
warum hat sich die Katze ver… (krochen)?
Niemand!
Ach herrje, Niemand warf wohl das Glas vom Tisch,
wehe, wenn ich den Niemand er… (wisch),
ich werde den Niemand suchen alle Tage,
und auch mal die Kinder nach ihm … (fragen).
Oh, in ihrer Not

werden ihre Wangen ganz ... (rot).
Nun? Wer war es?
Niemand!
Aha!

Das elektrische Bügeleisen

Nun waren endlich die Zeiten vorbei, in denen die Hausfrau ihr Bügeleisen noch auf dem Kohlenofen erhitzen musste. Es gab das elektrische Bügeleisen. In vielen Haushalten war es bereits eingezogen. Auch meine Mutter besaß eins. Es hatte Weihnachten unter dem Tannenbaum gelegen und meine Mutter war sehr erfreut gewesen. Das Bügeleisen stand unten im Küchenschrank und gebügelt wurde auf dem Küchentisch, auf einer dicken Wolldecke.

Einmal wartete ein großer Korb, voll mit knitterigen und faltigen Wäschestücken darauf, gebügelt zu werden. Mutter holte das elektrische Bügeleisen aus dem Küchenschrank. Ein dünnes weißes Kabel ringelte sich heraus. Am Ende war ein Stecker und den steckte meine Mutter in die Steckdose. Das Bügeleisen wurde dann wie durch einen Zauber immer wärmer. Mutter tippte mit ihrem nassen Zeigefinger unter das Bügeleisen. Zisch! Das Bügeleisen war heiß. Dann begann sie zu bügeln. Ich sah gerne dabei zu. Wie leicht das Bügeleisen hin und her glitt. Ich staunte immer wieder.

Mutter lachte und sagte: „Die arme Wäsche, das Bügeleisen hascht sie, es packt sie und macht sie glatt. Ob die Wäsche will oder nicht." Mutter bügelte mein weißes Sonntagskleidchen. Es war auf einmal ganz frisch. Es duftete so schön und ich ging mit meiner Nase näher heran. Da rief Mutter: „Weg mit der Nase, sonst bügelt das Bügeleisen deine Nase platt." Na, das wollte ich nicht.

Der Korb mit der Bügelwäsche wurde immer leerer. Und als Mutter fertig war, duftete es in der ganzen Küche nach frischer Bügelwäsche.

Die Standuhr (Reimgeschichte)

In einer Ecke im Flur
stand eine schöne alte … (Uhr),
die Uhr war aus Holz und hatte ein goldenes Pendel,
daneben stand eine Vase mit duftendem La… (vendel),
lange Jahre stand sie dort im Flur,
die schöne holzgeschnitzte … (Uhr),
emsig schlug das Pendel hin und her,
wie lange schon, wusste niemand … (mehr),
ticktack von früh bis spät,
sie geht und geht und … (geht),
als ich noch gar nicht da war,
schlug sie die Stunden schon,
dong, dong, dong, das war ihr … (Ton),
Jahr für Jahr blieb sie uns treu,
sie war schon alt und nicht mehr … (neu),
noch heute pünktlich sie die Stunde schlägt,
und uns dabei die Zeit ver… (rät),
schlug sie morgens früh um acht,
hatte Mutter Kaffee ge… (macht),
schlug sie am Mittag zwölf Mal,
stand auf dem Tisch das Mittags… (mahl),
wenn die Uhr am Abend sieben Mal schlug,

meine Mutter mich zu Bette … (trug),
noch heute steht die alte Uhr
in einer Ecke im … (Flur).

Die Spardose

Nach dem Winter kommt der Frühling. Das war schon immer so und es bleibt auch so. Im Frühling zieht es die Menschen hinaus auf die Straßen und in die Natur. Alle Kinder spielen draußen, in den Höfen und Gärten. Früher konnten die Kinder noch auf der Straße spielen, es gab ja noch nicht so viele Autos. In dieser Zeit lebte ein Mädchen, das Leni hieß. Und Leni war traurig. Bald war wieder Frühling und sie würde wieder zusehen müssen, wie ihre Freundinnen ihre Rollschuhe anzogen. Sie hatte keine Rollschuhe.

Leni lief zu ihrer Mama und fragte: „Hast du eine Spardose für mich? Ich möchte Geld sparen.“ Die Mutter schenkte Leni eine alte Spardose aus Blech. Den Schlüssel dazu behielt sie aber lieber. Sofort lief Leni mit der Spardose zu ihrem Papa und sagte: „Kann ich mir bei dir etwas Geld verdienen? Ich möchte sparen." Der Vater schenkte ihr ein Geldstück und meinte: „Hier ist schon mal ein Anfang." Leni ließ das Geldstück in die Spardose fallen.

Dann lief Leni zur Nachbarin und fragte, ob sie sich etwas Geld verdienen könnte. Sie fragte dann noch einen Nachbarn, ihre Tante und ihre Oma. Und so kam es, dass Leni für die Nachbarin einkaufen ging, für den Nachbarn mit dem Dackel spazieren ging, für die Tante die Blumen goss, für die Oma Staub wischte und für den Vater die Schuhe putzte. So bekam sie viele Groschen zusammen. Sie war aber auch sehr fleißig.

Manchmal hätte sie sich gerne etwas Süßes gekauft. Aber die Mutter wusste nicht mehr, wo sie den Schlüssel von der alten Spardose hingelegt hatte. Dann kam der Frühling. Die alte Spardose aus Blech war ganz voll und schwer. Leni lief zur Mutter und sagte: „Mama, darf ich mir Rollschuhe kaufen? Die Spardose ist ganz voll." Und plötzlich wusste die Mutter, wo der Schlüssel war.

Am Nachmittag dieses Tages gingen sie Rollschuhe kaufen. Es waren tolle Rollschuhe, die ganz leicht rollten. Es blieb sogar noch etwas Geld übrig. Geld für einen neuen Anfang. Denn Wünsche hat man ja immer.

Wenn es Nacht ist im Wald (Reimgeschichte)

Auch im Wald wird es Nacht,
wer hätte das ge… (dacht),
der Wind säuselt durch die Bäume
und wünscht allen schöne … (Träume),
das Käuzchen schreit durch die Nacht,
das Mäuschen hat das Bett schon ge… (macht),
im hohen Gras gemütlich und nett,
macht auch das Rehlein sich sein … (Bett),
die Vögel begeben sich zur Ruh
und machen ihre Äuglein … (zu),
plötzlich ist alles ruhig und still,
weil ein jeder schlafen … (will),
ein Fröschlein schläft im Blätterhaus,
und auch der Wurm kommt nicht mehr … (raus),
der Spatz hat die Fensterläden zugemacht,
auch der Fuchs sagt gute … (Nacht),
nur einige Nachtfalter fliegen durch den Wind,
und die weise Eule mit ihrem … (Kind),
alles ist friedlich und still,
weil ein jeder schlafen … (will).

Das Osterfeuer

In einem kleinen Dorf freuten sich alle Leute schon auf das Osterfeuer. Es wurde nach alter Tradition immer am Ostersamstag angezündet. Das Feuer sollte böse Geister vertreiben und sein gewaltiger Lichtschein die Auferstehung Christi zeigen. Ein großes helles Feuer musste es sein, damit das Licht weit leuchtete. Einige Tage vorher zogen die Väter mit ihren Kindern in den Wald, um Äste und Reisig zu sammeln. Das machte allen großen Spaß. Dann wurde geschichtet. Holz, Reisig, große und kleine Äste und auch Stroh wurden aufgestapelt. Es gab sogar einen Plan dafür. Fein säuberlich wurde alles nacheinander aufgeschichtet, so lange, bis ein großer Berg entstanden war.

Ostersamstag trafen sich alle Dorfbewohner am späten Nachmittag. Punkt siebzehn Uhr waren alle versammelt. Die Kinder sprangen voller Vorfreude um den Holzstapel herum. Die Erwachsenen wollten gerade ein Lied anstimmen, als plötzlich ein Kind rief: „Papa, Papa, ein Igel ist im Holzstapel." Tatsächlich bewegten sich die Äste und es raschelte im Inneren des Holzberges. Der kleine Paul war ganz nahe herangegangen und rief: „Ich sehe ihn. Papa, du musst ihn herausholen." Papa sah nach. Ja, da war tatsächlich ein Igel. Doch Papas Arme waren zu kurz, er konnte ihn nicht packen. Jemand brachte Handschuhe, zum Schutz gegen die Stacheln, die ein Igel nun mal hat.

Der Vater begann einige Äste beiseitezuräumen. Er zog Reisig, Äste und Stroh aus dem Stapel. Er selbst kroch ein Stückchen in den Stapel hinein. Plötzlich krachte es. Es knarrte, es knackte, es knirschte, die Äste und Holzbretter ächzten und stöhnten. Dann brach alles über dem Vater zusammen. Äste und Reisig lagen auf Vaters Rücken. Und der rief: „Ich habe ihn, ich habe den Igel." Mit dem Igel in der Hand kam er hervorgekrochen. Stolz hielt er ihn hoch.

In diesem Moment kam der Pfarrer angelaufen. „Was ist denn hier passiert?", fragte er. Der kleine Paul sagte ganz aufgeregt: „Mein Papa musste einen Igel retten. Der wäre sonst verbrannt." Ein anderer rief: „Wir werden den Stapel schnell neu aufschichten."

„Nein", rief der Pfarrer, „wir lassen alles so. Unserem Herrgott hat es bestimmt gefallen, dass ihr den Igel gerettet habt. Denn er ist auch ein Geschöpf Gottes. Zündet die Fackeln an. Wir wollen das Osterfeuer entfachen. Frohe Ostern, liebe Gemeinde."

Der träumende Apfel (Reimgeschichte)

In einem Baum, zwischen den roten Blättchen,
hing hoch oben ein Apfel mit roten … (Bäckchen),
er wiegt sich dort im Wind,
hoch schaut zu ihm ein … (Kind),
die Sonne auf den Apfel scheint,
der Apfel schön zu träumen … (scheint),
das Kind schaut hoch und ruft hinauf,
hör doch mit dem Träumen … (auf),
doch der Apfel ist nicht aufgewacht,
es sieht so aus, als ob er … (lacht),
das Kind möchte gerne den Apfel haben,
um sich an ihm zu er… (laben),
der Apfel aber rührt sich nicht,
das Kind macht ein trauriges … (Gesicht),
ein Vogel setzt sich auf den Ast hinauf,
Vogel sing, das weckt den Apfel … (auf),
doch der Apfel sich im Schlafe wiegt,
man denkt, dass er im Traume … (fliegt),
der Vogel singt und schmettert,
doch es bewegen sich nur die … (Blätter),
der Apfel liegt in seinem Bett,

dort ist es warm und … (nett),
da kommt ein Wind, das kennt man schon,
der singt nicht, der pfeift einen anderen … (Ton),
der bläst die Backen richtig auf,
da wacht der Apfel doch noch … (auf),
er springt vom Baum und landet bei dem Kind,
das sich herzlich bedankt bei dem … (Wind).

Ein Geschenk für den Osterhasen

Oma Leni traf die letzten Vorbereitungen für das bevorstehende Osterfest. Der Kuchenteig war fertig. Oma Leni füllte die Osterlamm-Backform damit und schob sie dann in den Backofen. Ein leckeres Osterlamm bestreut mit Puderzucker gehörte zum Osterfest dazu. So wie jedes Jahr. Die gekochten Eier waren bereits bunt gefärbt und die Süßigkeiten für die Osternester lagen bereit. Oma Leni würde sie erst am Abend füllen, da ihre Enkelin noch kommen wollte. Und dann war sie auch schon da, die kleine Lotte.

„Mmh, was duftet hier so gut?“, fragte Lotte. „Das ist das Osterlamm, es backt gerade im Backofen.

Ostersonntag werden wir es essen“, sagte Oma Leni. „Und wenn du Glück hast, versteckt der Osterhase noch ein oder zwei gefüllte Nester für dich. Lotte war schon ganz aufgeregt. Plötzlich fragte sie: „Und was bekommt der Osterhase geschenkt?“ Oma Leni war ganz überrascht. Sie überlegte einen Moment, dann meinte sie: „Ich glaube, er bekommt kein Geschenk. Also, ich weiß nichts davon.“

„Was frisst denn der Osterhase so?“, fragte Lotte.

„Alles, was Hasen so fressen. Möhren und Grünzeug, Löwenzahn und Salat“, sagte Oma Leni.

„Dann baue ich ihm ein schönes Nest im Garten und fülle es mit Osterhasenleckereien“, sagte Lotte und lief in den Garten. Sie sammelte weiches Moos, Gräser und kleine Zweige. Daraus baute sie ein schönes großes Nest, mitten auf der Wiese. Als es fertig war, stürmte sie in die Küche, öffnete den Kühlschrank und schaute fragend ihre Oma an.

„Nimm dir, was du brauchst“, sagte Oma Leni. Und so geschah es. Lotte legte eine Möhre, einige Salatblätter und etwas Suppengrün in das Osterhasennest. Dann suchte sie noch Löwenzahn. Geschafft. Fertig war das Nest.

Am Ostersonntag kam Lotte mit ihren Eltern zu Besuch. Sie war ganz aufgeregt. Ob der Osterhase wohl das Nest gefunden hatte? Sofort rannte sie in den Garten. Das Nest war tatsächlich leer. Aber was war das? Da lag ein Zettel im Nest. Lotte las vor: „Liebe Lotte, besten Dank für das Ostergeschenk. Das war sehr lieb von dir. Ich habe für dich auch etwas dagelassen. Du musst es nur suchen, denn ich habe es gut versteckt. Dein Freund, der Osterhase."

Lotte strahlte und steckte den Brief in die Jackentasche. Dann machte sie sich auf die Suche nach bunten Eiern und einem Osternest, gefüllt mit Süßigkeiten. Frohe Ostern.

Eine Wichtelgeschichte

In einem Tal zwischen zwei Bergen wohnten die Weihnachtswichtel. Ihre Vorbereitungen für das bevorstehende Weihnachtsfest liefen auf Hochtouren. Sie putzten und schrubbten, sie kochten und backten, sie schmückten und werkelten, sie zimmerten und hämmerten. Alles musste perfekt sein für das heilige Fest. Es musste blinken und blitzen, funkeln und leuchten, es musste duften, lecker und appetitlich sein. Die Wichtel waren fröhlich und sangen schöne Weihnachtslieder. Sie pfiffen und flöteten bei der Arbeit.

Doch diese Weihnachtswichtel hatten noch eine andere Aufgabe. Wenn irgendwo ein Mensch in großer Not war, eilten sie dorthin, um zu helfen. Sie kamen heimlich, still und auf leisen Sohlen. Niemand hat sie je gesehen.

In jener vorweihnachtlichen Zeit war eine alte Frau in ihrem kleinen Häuschen damit beschäftigt, Socken für ihre Kinder zu stricken. Aber nicht nur das, sie reparierte auch Teddys und Puppen für andere Leute. Sie backte Kekse für den Weihnachtsmarkt, um sie für wenig Geld zu verkaufen. Es gab genug Leute, die nicht backen konnten oder keine Zeit hatten. Eines Abends ging alles schief bei der alten Frau. Ein ganzes Blech mit Keksen war im Ofen verbrannt. Die Katze hatte mit dem Wollknäuel gespielt und einen Socken dabei aufgeribbelt. Und als die alte Frau gerade bei einem Teddy ein Ohr annähen wollte, stach sie sich in den Finger. Auch das noch. Sie stöhnte und seufzte. Niemals würde sie die ganze Arbeit pünktlich bis zum Weihnachtsfest schaffen. Traurig ging sie zu Bett und schlief kummervoll ein.

Das war das Startzeichen für die Weihnachtswichtel. Jetzt waren sie dran. Ihre Hilfe war vonnöten, die alte Frau brauchte sie. Um Mitternacht, als die Frau tief und fest schlief, kamen sie zu dem kleinen Häuschen. „Hier gibt es viel zu tun. Fangen wir an“, rief ein Wichtel und die anderen nickten. Sofort machten sie sich an die Arbeit. Sie backten und strickten, sie nähten und verpackten alle Plätzchen, sie putzten und schrubbten, bis alles wieder glänzte. Alle Socken waren fertig gestrickt, die Kekse gebacken, die Teddys und Puppen sahen aus wie neu. Die Wichtel sahen sich um und waren zufrieden. So leise, wie sie gekommen waren, verschwanden sie auch wieder.

Am nächsten Morgen wachte die alte Frau auf. Die Sorgen waren ihr anzusehen. Schwermütig schlurfte sie in die Küche. Sie wollte sich gleich an die Arbeit machen, um zu retten, was noch zu retten war. Doch was war das? Auf dem Küchentisch lagen alle Sachen schön verpackt, alles war fertig. Wie war das möglich? Sie rieb sich die Augen. Doch alles blieb so, es war kein Traum. Die alte Frau fragte sich, ob es diese Weihnachtswichtel wirklich gab. Es war vielleicht gar keine Geschichte, es gab sie vielleicht doch. Ja, wer weiß das schon.

Ein kleines Wunder

Die Eltern von dem kleinen Till machten sich große Sorgen um das bevorstehende Weihnachtsfest. In diesem Jahr war das Geld so knapp wie noch nie. Der Vater war oft sehr krank gewesen und hatte seine Arbeit verloren. Doch sie brauchten noch einige Lebensmittel für die Feiertage. Das Geld reichte für ein paar Würstchen und für einen anständigen Kartoffelsalat. Und wenn sie auf den Nachtisch verzichteten, blieb noch etwas Geld übrig. Davon sollte Till ein Weihnachtsgeschenk bekommen.

Der kleine Till wünschte sich ein Segelboot, das er im Wasser fahren lassen konnte. So ein Schiff stand im Schaufenster des Spielwarenladens. Till blieb immer davor stehen und drückte sich die Nase platt. Das Schiff kostete sieben Euro. Die Eltern hatten aber nur noch fünf Euro übrig. Der Vater fasste all seinen Mut zusammen und lief zwei Tage vor Weihnachten zu dem Spielwarenladen. Er wollte dort fragen, ob er das fehlende Geld später zahlen konnte. Der kleine Till sollte ein schönes Weihnachtsfest haben. Der Vater fragte den Verkäufer, doch der sagte Nein. Das Schiff müsste komplett bezahlt werden, anders ginge es nicht. Traurig machte sich der Vater auf den Heimweg.

Plötzlich trat er auf etwas Weiches. Der Vater

bückte sich und hob es auf. Es war eine Geldbörse. Oh, da waren einige Geldscheine und Münzen drin. Der Vater überlegte. Er könnte jetzt das Schiff kaufen, wenn er die Geldbörse behielt. Und er könnte noch einige andere Dinge kaufen. Er erschrak. Wie konnte er nur an so etwas denken? Er wusste genau, dass er das Geld nicht behalten durfte. So beschloss er, die Geldbörse zur Polizei zu bringen. Und gerade als er losgehen wollte, sah er einen alten Mann. Der lief an einem Gehstock und mit gesenktem Kopf umher, gerade so, als suche er etwas. Der Vater fragte den Mann, ob er etwas suchen würde und ob er helfen könnte. Da sagte der Mann: „Ich habe meine Geldbörse verloren."

Da hielt der Vater die gefundene Geldbörse hoch und fragte: „Ist es diese hier? Ich wollte sie gerade zur Polizei bringen." „Danke, danke, vielen Dank!", sagte der alte Mann. Er griff in die Geldbörse und holte fünf Euro heraus. Er gab sie dem Vater mit den Worten: „Bitte sehr, ihr Finderlohn."

Der Vater staunte, damit hatte er nicht gerechnet. Jetzt konnte er dem kleinen Till das Segelboot kaufen. Er sagte zu dem alten Mann: „Danke, sie haben mir damit das Weihnachtsfest gerettet."

Der alte Mann schmunzelte, zwinkerte ihm mit einem Auge zu und ging seines Weges. Der Vater sah ihn nie wieder.

Herr Dütschke und seine Katzen

Es lebte einmal ein Mann in einem hübschen kleinen Haus. Das Haus stand am Rande eines kleinen Dorfes. Der Mann hieß Herr Dütschke und er hatte vier Katzen. Er liebte seine Katzen und sorgte gut für sie. Tagsüber schliefen die Kätzchen viel und abends liefen sie hinaus, um Mäuse zu fangen.

In zwei Tagen war Weihnachten und Herr Dütschke wollte das Wohnzimmer festlich schmücken. So wie er es jedes Jahr tat. Er kaufte einen Tannenbaum, stellte ihn auf und schmückte ihn mit Kugeln, Sternen, Glöckchen, Engeln, Lametta und Kerzen. Das gefiel ihm sehr. Ins Wohnzimmerfenster kam der alte Lichterbogen, den er schon viele Jahre besaß. Auf das kleine Schränkchen neben der Tür baute er eine Krippe auf. Herr Dütschke sah sich um. Da fehlte doch noch was, der Wohnzimmertisch sah noch so leer aus. Ach ja, ein bunter Teller. Er füllte einen Teller mit Marzipan, Lebkuchen, Nüssen und Schokoladensternen. Das sah hübsch und auch lecker aus. Es würde ein schönes Fest für ihn und seine Katzen werden. Zufrieden legte er sich an diesem Abend ins Bett. Schnell schlummerte er ein.

Seine vier Katzen hatten ihn die ganze Zeit beobachtet. Statt nun in der Nacht Mäuse zu fangen, huschten sie durch die Katzenklappe wieder ins Haus hinein. Sie waren ja so neugierig. Ab ins Wohnzimmer und erst mal alles betrachten und beschnüffeln. Und vor allem mit den Pfoten anstupsen. Oh, wie schön das alles glitzerte, knisterte, bimmelte und hin und her schwang.

„Lasst uns singen, tanzen und spielen", riefen sie sich zu. Und dann ging es los. Die vier Katzen tanzten und sprangen und miauten dazu. Es klang nicht schön, aber herzzerreißend. Sie lärmten und polterten, sie zischten und heulten, dass einem die Ohren schmerzten. Da erwachte Herr Dütschke.

Was war hier los? Er sprang aus dem Bett, rannte durch das dunkle Haus und schmiss dabei im Flur eine Vase um. Mit einem lauten „Klirr" ging die Vase zu Bruch. Im Wohnzimmer angekommen, stolperte er über den Teppichläufer und stieß dabei gegen das kleine Schränkchen. Die Krippe darauf wackelte und die Figuren fielen um. Maria fiel zu Boden. Herr Dütschke suchte den Lichtschalter, fand ihn und knipste das Licht an. Er sah sich um. Seine vier Katzen lagen friedlich auf dem Sofa und taten so, als ob sie schlafen würden. Sie hatten nichts beschädigt, der Tannenbaum stand in seiner vollen Pracht an seinem Platz. Die Katzen blinzelten Herrn Dütschke an, als wollten sie sagen: „Sieh nur, was du angerichtet hast. Eine kaputte Vase und Maria liegt auf dem Boden. Die

Heiligen Drei Könige liegen auf dem Bauch und auch Josef steht nicht mehr. Wir haben nur getanzt."

Na dann, fröhliche Weihnachten.

Themenverzeichnis

Weitere Titel von Ulrike Strätling:

Rosenduft und Sonnenschein
Natur- und Tiergeschichten zum Vorlesen für Menschen mit Demenz
ISBN 978-3-7655-3189-7

Wie die Zeit vergeht
Geschichten zum Vorlesen für Menschen mit Demenz
ISBN Buch 978-3-7655-4312-8
ISBN E-Book 978-3-7655-7495-5

So ein schöner Tag
Vorlesegeschichten für Menschen mit Demenz
ISBN 978-3-7655-4253-4

Das schönste Lebkuchenhaus
Weihnachtsgeschichten zum Vorlesen für Demenzkranke
ISBN 978-3-7655-4166-7

Omas Kuchen ist der beste
Geschichten zum Vorlesen für Demenzkranke
ISBN 978-3-7655-4155-1

Als die Kaffeemühle streikte
Geschichten zum Vorlesen für Demenzkranke
ISBN Buch 978-3-7655-4123-0
ISBN E-Book 978-3-7655-7405-4
Auch als Hörbuch erhältlich.

Ein Glas voller Malzbonbons
Geschichten zum Vorlesen und Erinnern
ISBN 978-3-7655-4353-1